ÉTUDE

SUR LA VIE ET LES POÉSIES

DE

CHARLES D'ORLÉANS.

THÈSE FRANÇAISE

PRÉSENTÉE A LA FACULTÉ DES LETTRES DE PARIS

PAR

Constant BEAUFILS

Agrégé de l'Université.

Mais ma bouche fait semblant que je ric,
Quant maintefoiz je sens mon cueur plourer.
(CHARLES D'ORLÉANS.)

COUTANCES,

IMP. DE J.-J. SALETTES, LIBRAIRE-ÉDITEUR.

1861.

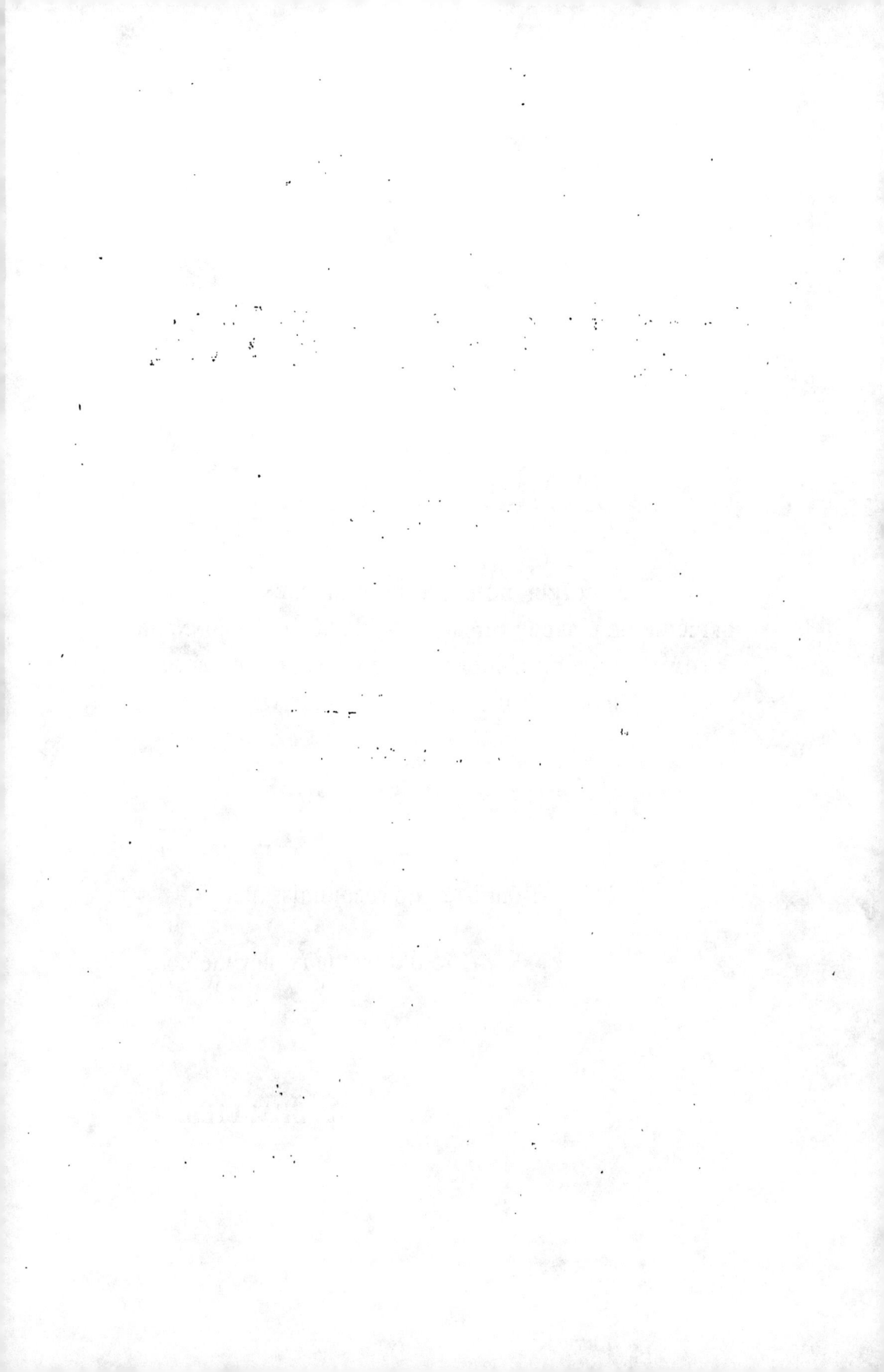

A

MONSIEUR THÉRY,

RECTEUR DE L'ACADÉMIE DE CAEN,
OFFICIER DE L'ORDRE IMPÉRIAL DE LA LÉGION D'HONNEUR,
COMMANDEUR DE L'ORDRE DE ST-SYLVESTRE DE ROME,
HAUT TITULAIRE DE L'UNIVERSITÉ,

Hommage de reconnaissance

et d'affectueux dévouement.

C. BEAUFILS.

PRÉFACE.

—

Quel intérêt peut s'attacher encore aux poésies de
Charles d'Orléans? — L'intérêt que l'on prend à toute
cause qui ne semble pas définitivement jugée. Depuis que
ces poésies ont été tirées de l'oubli par l'abbé Sallier
(1734), bien des écrivains ont dit leur mot sur elles,
et les avis ont été très partagés. Les termes extrêmes de
la critique et de l'éloge peuvent se réduire aux proposi-
tions suivantes :

« La captivité de Charles d'Orléans nous a valu *le
volume de poésies le plus original du* xve *siècle*, le premier ouvrage où l'imagination soit correcte et naïve, où
le style offre une élégance prématurée, où le poète, par
la douce émotion dont il était rempli, trouve de ces expressions qui n'ont point de date, et qui, étant toujours
vraies, ne passent pas de la langue et de la mémoire
d'un peuple... Il n'est pas d'étude où l'on puisse mieux

découvrir ce que l'idiome français, manié par *un homme
de génie*, offrait déjà de créations heureuses [1]. »

En face de cet éloge peut-être exagéré, s'élève cette
critique, qui, de son côté, me paraît trop sévère :

« Le bon Charles se complut, en ses loisirs, à com-
pliquer la froide mythologie de Guillaume de Lorris...
Ce prince n'apporta ni une pensée nouvelle, ni l'élément d'un progrès dans la forme;... languissant, flasque,
sans relief, le parler de Charles d'Orléans est le plus
faible langage que, de Philippe Auguste à François Ier,
l'on ait aligné sur du vélin... Tel est le rimeur au profit
duquel certains critiques ont prétendu frustrer Villon
de sa gloire légitime [2]. »

Cette gloire de Villon est due, en grande partie, aux
deux vers bien connus que Boileau a consacrés à la mémoire de ce poète. C'est l'abbé Sallier qui, le premier,
avait réclamé en faveur de Charles d'Orléans contre le
jugement de Boileau sur Villon. La défense de Boileau a
donné lieu à une sorte de controverse littéraire assez
vive, comme on le voit par la citation qui précède. L'autorité du législateur de notre poésie n'était cependant
point en cause, puisqu'il ne connaissait pas Charles d'Orléans. Quoi qu'il en soit, c'est Villon que l'on oppose

(1) Villemain. Tableau de la littérature au moyen âge,
t. II, *p.* 200.
(2) Francis Wey. Histoire des révolutions du langage en
France. Paris, 1848, *p.* 217-218.

constamment à notre poète ; c'est donc avec Villon surtout que nous avons dû le comparer quand l'occasion
s'en est présentée.

Villon a été, il n'y a pas longtemps, le sujet d'un travail [1] destiné à le faire mieux connaître : cette circonstance m'a semblé donner de l'à-propos à une étude
analogue sur Charles d'Orléans : telle est, en effet, la
tâche que je me suis proposé d'accomplir ici, dans la
mesure de mes forces.

[1] François Villon, par M. A. Campaux. Paris, 1859.

Iʳᵉ PARTIE.

———◆———

VIE

DE CHARLES D'ORLÉANS.

——

L'Histoire de Charles d'Orléans se trouve en grande partie contenue dans ses poésies. Si nous donnons ici un tableau séparé de la vie du prince, c'est afin de ne pas mêler à l'examen critique et analytique de ses œuvres le récit de certains événements politiques qui n'y auraient pas bien trouvé place, ou qui en auraient rompu l'unité. Il n'entre pas du reste dans notre dessein de rappeler en détail toutes les misères de ces temps malheureux au milieu desquels le prince passa sa jeunesse. Aux historiens de la France appartient le soin de retracer les lugubres scènes de nos discordes civiles. En esquissant la vie de notre auteur, nous ne voulons faire d'excursion dans le domaine de l'histoire politique que pour y recueillir ce qui peut avoir exercé de l'influence sur son éducation, son caractère, son génie, ses mœurs et son talent d'écrivain. Mais comme en lui le poète et l'homme ne font qu'un, l'étude de ses compositions littéraires sera le complément indispensable de cette biographie détachée.

L'existence du royal poète se partage naturellement en trois périodes de vingt-cinq années chacune : avant, pendant et après sa captivité.

I.

AVANT SA CAPTIVITÉ.

—

Charles d'Orléans, comte d'Angoulême, naquit dans l'hôtel Saint-Pol, à Paris, le 26 Mai de l'année 1391. *[1394]* Le 31 du même mois il fut tenu sur les fonts baptismaux, en l'église Saint-Pol, par son cousin, le duc de Bourgogne, le cruel Jean Sans-Peur, qui plus tard devait *[cf vi non germain]* être le meurtrier de son père et le mortel ennemi de toute cette maison.

Le contraste est frappant, et il nous révèle, dès sa naissance, le secret de toute la destinée d'un prince qui, appelé par sa nature et par son éducation à la jouissance d'une vie paisible et débonnaire, ne cessa de voir ses goûts et ses penchants contrariés par la malignité de la fortune et les caprices de la fatalité. Cependant tout semblait lui sourire à son entrée dans le monde. Il avait pour père Louis de France, duc d'Orléans et comte de Valois, frère unique du roi Charles VI, et pour mère la gracieuse et belle Valentine de Milan, fille de Galéas Visconti et d'Isabelle de France, dont le roi Jean avait, dans sa détresse, accordé la main au duc de Milan. On fêta avec magnificence la bienvenue du royal enfant.

Il était né, dit l'abbé Sallier, avec d'heureuses dispositions pour toute sorte de vertus, pour les lettres, la poésie et l'éloquence : l'émulation excitée par Charles V durait encore. Il trouva dans le sein de sa famille l'amour des sciences et des beaux arts. On peut juger par ses œuvres de l'application qu'on mit à le former. Son père, Louis d'Orléans, a laissé la réputation de ce qu'on peut appeler un prince lettré; il faisait des ballades, et les auteurs du temps lui dédiaient leurs livres. Il protégea particulièrement la savante et vertueuse Christine de Pisan, et fut à certains égards comme une sorte de Mécène au commencement du xve siècle. Pourquoi faut-il que des préoccupations politiques et une folle ambition aient détourné le prince de ces doux loisirs de la paix, de cet amour de la littérature et des arts, si propre à hâter dans un siècle ignorant et encore barbare, les progrès de la civilisation et des mœurs?

Malheureusement une année s'était à peine écoulée depuis la naissance de Charles d'Orléans, que le roi fut saisi, dans la forêt du Mans, de cet accès de folie furieuse, qui ne lui laissa plus assez de moments lucides pour s'occuper utilement des affaires du royaume, et trop cependant pour qu'on se crût en droit de lui donner un successeur. Le fruit des victoires de Charles V allait ainsi échapper à la France qui vit s'élever autour d'elle, pour de longues années encore, un horizon plein d'orages. Le frère et les oncles de l'infortuné monarque, les ducs d'Orléans, de Bourbon, de Berry et de Bourgogne, presque aussi fous que Charles VI, allaient se disputer les lambeaux de l'autorité royale et dilapider les deniers de la France. Isabeau de Bavière, sans patriotisme dans le cœur, sans respect pour son époux ni pour son trône, ne rêvant que plaisirs et que fêtes, allait prostituer l'honneur d'une reine, prête, s'il le fallait, à vendre la France à l'ennemi. Pour se livrer plus librement aux coupables intelligences qu'elle entretenait avec son beau-frère, elle donnait sa place auprès de son époux à une jeune fille qui lui ressemblait. La cour cherchait à s'étourdir sur les misères de la France en se livrant à la débauche et aux divertissements les plus insensés. Isabeau y avait introduit le luxe, la magnificence et la galanterie; elle y institua même une *Cour d'Amour* avec ses Grands Veneurs, ses Auditeurs, ses Chevaliers d'honneur Conseillers, ses Maîtres des Requêtes, ses Secrétaires, son Substitut du procureur général, ses Concierges des Jardins et Vergers amoureux, etc.

Ce n'était pas seulement la cour qui s'oubliait dans ces frivolités somptueuses : presque chaque ville avait ses réjouissances et ses fêtes particulières. Ainsi à Lille se célébrait la fête de l'Epinette. Le roi de l'Epinette s'élisait le mardi-gras. Il portait pour insigne une épine, et tous les ans il allait en pompe honorer la sainte Epine dans l'église des Dominicains de Lille. Toute la semaine qui suivait son élection se passait en festins et en bals.

Le dimanche des brandons et les quatre jours suivants étaient consacrés à des joûtes à la lance. Les princes honoraient de leur présence ces fêtes ruineuses imitées de celles qu'ils célébraient eux-mêmes dans les palais de nos rois, où des gens sensés eussent eu à rougir de ne plus voir s'agiter dans des danses indécentes, que des allégories vivantes, que des personnages fantastiques, travestis en faunes, en satyres, en pierrots et en bouffons de toute espèce. La cour elle-même ne participait-elle point de la maladie du roi? Et Louis d'Orléans n'eut-il point à se reprocher d'avoir été en partie cause de l'infirmité qui troubla la raison du monarque son frère?

Le duc était un jeune homme spirituel, mais de mœurs dissolues; et à un libertinage scandaleux il joignait une frivolité incroyable. Un jour même son étourderie fut plus que légère. Dans une mascarade jouée à la cour, le roi, jeune encore, s'était déguisé, ainsi que plusieurs autres seigneurs, sous un costume dans la confection duquel il entrait de l'étoupe et de la poix. Le duc d'Orléans trouva plaisant d'en approcher la flamme d'un flambeau : quatre des compagnons du roi furent immédiatement enveloppés de tourbillons de feu et de fumée et expirèrent sous ses yeux au milieu des plus horribles convulsions. Le roi lui-même n'échappa que par miracle. Cette catastrophe ébranla fortement son cerveau naturellement faible et qu'avait déjà troublé pendant trois jours l'apparition de la forêt du Mans. Il

fut malade toute l'année. Appelé à prendre le gouvernail
de l'état, Louis d'Orléans porta dans l'administration
des affaires toute la légèreté qu'il montra dans sa vie
privée. Bientôt le peuple ne fit plus entendre qu'un cri
d'indignation, et une rivalité acharnée ne cessa d'exister
entre les ducs d'Orléans et de Bourgogne, discorde impie, lutte fratricide, qui épuisa la France en la couvrant
de factions ennemies, de pillages et de meurtres.

Heureusement pour notre futur poète, il passa son
enfance loin du spectacle de ces désordres, loin du scandale de cette cour corruptrice. Valentine de Milan était
une épouse chaste et vertueuse, une mère aimante et
dévouée, une de ces femmes dont la physionomie suave
et douce repose agréablement les yeux de tant d'images
affligeantes ou honteuses, et répand autour d'elle le
calme et la sérénité.

Guy de Châtillon II avait vendu le comté de Blois au
duc d'Orléans. C'est dans la capitale de ce comté, dans
l'agréable séjour du château de Blois, que la fille des
Visconti prodigua à son premier né le trésor des soins
maternels et s'appliqua à former son esprit et son cœur.
« Blois est une ville fort ancienne, très renommée pour
sa beauté. Elle embellit les rives de la Loire, étant
assise en partie sur de plaisantes collines. Il provient
une telle salubrité de l'agréable température de son air,
que plusieurs hommes de remarque choisissent ici leurs
demeures, espérans d'y vivre plus longtemps et sans
aucunes maladies. C'est un lieu de délices pour sa

grande beauté, récréatif aux regardans, là où il n'y manque rien du tout de ce que la nécessité requiert, et qu'on saurait désirer pour la volupté. La singulière plaisance des eaux de très douces fontaines bouillonnantes de tous côtés en ce pays, aussi des ruisseaux découlans çà et là, d'un gracieux murmure, rend à tout le pays un air si doux et tempéré, que c'est une chose difficile à comprendre et encore plus à raconter... Cause pourquoi les enfants des rois et ducs s'eslèvent et se nourrissent pour la plupart en cette ville... Les citoyens et habitans, prenant leur naturel de la bonté du terroir et de la douceur de l'air, vivent par ensemble d'une amitié fort civile et débonnaire. Car en compagnie leur douceur est si grande, estant conjoincte d'une façon de parler tellement agréable, soit en leurs discours et conversations journalières, ou bien en leur manière de se vestir reluit une telle netteté et splendeur, qu'il semble que la naïfve bonté du pays produit et accompagne toutes ces belles parties desquelles ils sont si largement douéz. Le langage ordinaire est parfait et très pur français, non seulement en la ville, mais pareillement aux champs et villes circonvoisines [1]. »

Tels sont les lieux où Valentine vécut ordinairement retirée avec ses enfants. Voilà le doux air que respira Charles, voilà les sites enchanteurs, les paysages charmants qui réjouirent les regards de son enfance. C'est

_____

[1] Guillaume Blaeuw, Théâtre du monde.

au contact de cette population débonnaire et polie, si élégante dans son langage et dans sa mise, sur ces rives agréables de la Loire, sous ce beau ciel du Blaisois que Charles, guidé par la main et formé par les vertus de sa mère, contractera cette douceur de caractère, cette bonté de cœur, cette aménité dans les manières, toutes ces délicatesses de l'esprit et du sentiment, et s'abreuvera aux sources mêmes de la plus douce imagination et de la plus pure harmonie. Il fera lui-même allusion, dans ses poésies, à l'extrême sollicitude et aux tendres soins qui entourèrent son berceau.

A l'âge de sept ans, le prince passa du gouvernement des femmes entre les mains des hommes chargés de développer en lui les qualités propres à en faire un preux et parfait chevalier. Quels furent ces hommes? Sans doute ces braves de la maison du duc d'Orléans, qui, en l'an 1402, à Montendre, près de Bordeaux, combattirent, au nombre de sept, contre sept chevaliers anglais et remportèrent sur eux une victoire dont le duc fut si fier, qu'il fit donner à chacun d'eux une somme de mille livres. Le roi Charles VI n'oublia point non plus son neveu au début de la carrière, et dès l'année 1403, il lui constitua une pension de douze mille livres d'or par année.

Il reçut une éducation complète comme lettré et comme chevalier. Que son intelligence fut initiée aux secrets de toute la science de l'époque, c'est ce que l'on peut inférer, bien qu'il n'ait jamais fait étalage d'érudition, de ce goût prononcé pour l'étude, qu'il avait hérité de son père et de sa mère. Du reste, il nous apprendra lui-même que très jeune encore il s'était appliqué à la poésie et qu'il savait les *sept arts*. La langue latine faisait aussi partie du programme de ses études. Plusieurs de ses compositions poétiques prouvent qu'il possédait le latin ; il fit même contre le duc de Bourgogne, dans la langue de Virgile, quelques vers assez bien tournés. Mais c'est surtout au culte des muses qu'il s'adonna. C'est qu'en effet l'élégance de la mise, la courtoisie et la grâce, la galanterie, la libéralité, l'honneur et la vaillance ne suffisaient pas pour faire un chevalier accompli : il fallait encore qu'il fût *diligent écolier*, c'est-à-dire, habile à chanter et à danser, à faire des chansons et à rimer des ballades.

Le jeune prince mit tous ses soins à acquérir ces diverses qualités. Mais le calme studieux dans lequel il vécut jusque vers 1406 ne devait pas, hélas ! se prolonger bien longtemps pour lui. Déjà depuis plusieurs années son existence pouvait bien être assombrie quelquefois par des nuages de tristesse. Peut-être même, quand il était encore dans ce berceau de caresses formé par les bras et les genoux de sa mère, n'avait-il pas été sans remarquer quelquefois, en contemplant son beau visage, une larme furtive, apparaissant sur le bord de sa paupière, au milieu d'un sourire. Valentine, en effet, se consacra à l'éducation de ses enfants par dévouement d'abord et par amour, mais aussi par consolation ; car elle avait besoin de consolation. Elle dut pleurer souvent dans l'ombre de la nuit, et elle dut trouver bien dur pour son cœur si plein de sensibilité, que son inépuisable amour ne trouvât pas d'écho dans le cœur de son mari. L'âme de Charles dut comprendre celle de sa mère et ressentir vivement les humiliations réservées à l'amour propre de l'épouse délaissée. De là ce fonds de mélancolie rêveuse que les destinées du prince devaient porter parfois jusqu'à la tristesse et au désespoir.

Malgré les flagrantes infidélités de son frivole époux, Valentine l'aima, et elle mit sous ses pieds toutes ses souffrances morales, pour travailler à son élévation, et cela, de concert même avec la reine sa rivale. C'est l'ambition qui la faisait agir, dira-t-on peut-être : l'avenir prouvera que c'est l'amour. Que d'épreuves cependant elle eut à subir ! mais, forte de sa conscience, et se faisant un bouclier de ses vertus, elle sut se résigner et supporter avec courage les plus honteuses suggestions de l'ignorance, comme les plus noires inventions de la calomnie. Nulle autre ne sut mieux qu'elle par ses prévenances, par la douceur de son caractère, par le charme de sa conversation, sa patience angélique et ses soins les plus tendres, calmer les transports du malheureux Charles VI et tromper ses ennuis. Elle fut accusée, comme italienne, d'agir par sortiléges sur l'esprit du roi, pour mieux assurer l'autorité au duc d'Orléans. La mort vint lui ravir un fils chéri ; les partisans du duc de Bourgogne répandirent que ce jeune prince avait, par erreur, pris un poison préparé par sa mère pour le dauphin ; et le duc d'Orléans ne craignit pas de donner quelque crédit à une si horrible accusation, en reléguant la princesse dans une sorte d'exil.

Cependant, malgré la légèreté de son caractère, Louis d'Orléans ne perd pas de vue un fils qui fait son orgueil, et déjà il songe à lui donner une reine pour épouse. Un drame sanglant venait de se passer de l'autre côté du détroit. Le faible Richard II, impuissant contre la révolte de Wat-Tyler et le progrès des discordes religieuses, s'étant rendu en Irlande pour soumettre une insurrection, son cousin, le duc d'Hereford, fils du duc de Lancastre, profita de son absence, s'empara du trône (1399), et fit assassiner le roi en prison. Le duc Louis d'Orléans s'était déclaré le défenseur de Richard ; la reine, Isabelle de France, sa veuve, revint dans sa patrie et se mit sous la protection plus particulière du prince français. Louis résolut de l'unir à son fils, et Charles d'Orléans, comte d'Angoulême, épousa ainsi une reine *vierge et vefve tout ensemble,* dit le religieux de Saint-Denys, traduit par le Laboureur [1]. Le mariage fut célébré à Compiègne (1406). Le plus grand luxe fut déployé à l'occasion de cette cérémonie. Le duc d'Orléans s'y montra couvert des habits les plus somptueux. Mais là se trouvait aussi la comtesse de Hainaut avec un équipage qui surpassait en magnificence celui des rois. Les

---

[1] Edition de 1663, Paris ; t. XXVI, *p.* 548.

seigneurs de la cour de France ne voyaient pas sans quelque dépit le faste d'une comtesse ternissant par son éclat
celui de la couronne royale : nouveau motif pour enve-
nimer encore leur haine contre l'insolente puissance de
la maison de Bourgogne.

Cette union fut-elle heureuse ? Le poète ne nous apprend rien à cet égard ; l'histoire se tait également.
Quant à la veuve de Richard, elle n'en dut pas être
flattée. Elle épousait un enfant beaucoup moins âgé
qu'elle, et elle perdait son titre de reine ; aussi pleura-t-
elle beaucoup. Une fatale destinée semblait du reste la
poursuivre : un assassinat avait violemment rompu sa
première union ; un nouvel assassinat allait la replonger
dans la terreur et dans le deuil.

On sait qu'une haine mortelle, qui avait sa source
dans l'ambition, divisait les ducs d'Orléans et de Bourgogne. Jean Sans-Peur était un homme de trempe à ne
reculer devant aucun forfait pour s'assurer la prépon-
dérance dans le conseil du roi. La légèreté de son rival
devint son arrêt de mort. Louis d'Orléans se vantait publiquement de posséder les bonnes grâces de la jeune
duchesse de Bourgogne. Il se permit même de célébrer,
dit-on, dans ses vers ses plus secrets mérites. Son indiscrétion précipita le dénouement d'un drame dont
l'intrigue se nouait depuis longtemps. Charles d'Orléans fait allusion, dans ses poésies, à cette cause dé-
terminante de la mort de son père. Dans l'énumération
qu'il fait des commandements que doit jurer d'observer

celui qui veut entrer au service du dieu d'Amour, on lit :

> En outre plus prometra tiercement
> Que vos conseulx tiendra secrètement,
> Et gardera de mal parler sa bouche :
> Noble prince, ce point-ci fort vous touche,
> Car mains amans par leurs nices (1) paroles,
> Par sotz regars et contenances folles,
> Ont fait parler souvent les médisans,
> Par quoy grevéz ont été vos servans
> Et ont reçu souventesfoiz grant perte
> Contre raison et sans nulle desserte (2).

> Avecque ce il vous fera serment,
> Que s'il reçoit aucun avancement
> En vous servant, qu'il n'en fera ventance ;
> Cestui mesfait dessert trop grant vengance.

Le duc d'Orléans revenait une nuit de chez la reine, lorsqu'il fut assassiné, à Paris, près de la porte Barbette, par une troupe de meurtriers conduite par Raoullet d'Actonville, gentilhomme normand, qui se vengeait ainsi d'avoir été chassé du service de la cour par le crédit du prince (1407). Son cadavre fut horriblement mutilé ; un de ses poignets était séparé du bras, un œil sorti de son orbite ; le visage était méconnaissable ; le lendemain matin on trouva encore une partie de sa cervelle répandue sur le pavé, dans la boue. Quand la nouvelle en vint à Blois, « tout le château retentit de cris et

(1) Malavisées.
(2) Sans l'avoir mérité.

de clameurs. Sa veuve affligée s'en prit à ses cheveux et à ses habits qu'elle arrachait et déchirait. Ses fils en larmes n'avaient que des soupirs et des sanglots pour répondre à tout ce qu'on leur pouvait dire pour les consoler [1]. »

L'homme qui avait dirigé le bras de l'assassin se couvrit d'abord du voile de l'innocence et d'une feinte pitié; mais bientôt il jeta le masque et eut l'impudence de s'avouer publiquement l'auteur du meurtre. C'était le duc de Bourgogne; et pourtant il venait de faire croire à une réconciliation sincère avec sa victime : il venait de communier avec elle et de lui jurer foi et amitié.

L'infortunée duchesse d'Orléans partit pour Paris. « Elle amenait avec elle son second fils, sa fille et madame Isabeau de France, fiancée [2] au jeune duc d'Orléans. Le roi de Sicile, le duc de Berry, le duc de Bourbon, le comte de Clermont, le connétable allèrent au devant d'elle. La litière était couverte de drap noir et traînée par quatre chevaux blancs. La duchesse était en grand deuil, ainsi que ses enfants et sa suite : ce triste cortége entra à Paris le dix Décembre, par le plus triste et le plus rude hiver qu'on eût vu depuis plusieurs siècles.

» Descendue à l'hôtel Saint-Paul, elle se jeta à genoux

(1) Le Laboureur. Tome 2, *p.* 629.

(2) Plusieurs disent qu'elle n'était que fiancée au duc d'Orléans.

en pleurant, devant le roi, qui pleurait aussi. Deux jours après elle revint par devant le roi et son conseil, portant plainte et demandant justice [1]. »

Le faible prince la promit avec une sincère émotion. Jean Sans-Peur s'étant retiré dans son duché pour guerroyer contre les Flamands, et sans doute aussi pour examiner en sûreté et de loin les premières conséquences de son forfait, Valentine parvint, à force de supplications et de plaintes, à le faire déclarer ennemi public. Mais le duc paya d'audace : il revint à la cour; à son aspect tout changea. La reine, désormais désintéressée, éloigna de la cour la veuve affligée. Ses plaintes, ses réclamations inutiles, l'impunité du crime, le triomphe du coupable la réduisirent à un désespoir auquel elle ne put survivre. Elle vécut, dit M. Michelet, ce que dura sa robe de deuil ! Elle avait aimé Louis d'Orléans en dépit de tout ce qui pouvait la détacher d'un cœur insensible à son amour. Son affection pour ses enfants ne put contrebalancer dans son âme la douleur que lui causa la mort de leur père : elle sentit qu'elle allait suivre son époux, et elle se disposa à l'aller rejoindre dans l'éternité. Elle assembla ses enfants autour de son lit de mort et les exhorta à soutenir la gloire de leur maison, et surtout à poursuivre la vengeance du meurtre de leur père. Dunois, le Bâtard d'Orléans, répondit mieux que les autres : *on me l'a volé*, s'écria-t-elle, *je devais être*

(1) Michelet, Hist. de France, t. IV, *p.* 163.

sa mère. Quatorze mois après le meurtre de Louis d'Orléans, elle mourut *de courroux et de déplaisance de
ce qu'elle ne pouvait avoir justice de la mort de son feu
beau seigneur et mari,* 1408 [1]. Elle était âgée de trente-
huit ans. Depuis son veuvage elle avait pris cette mélancolique devise :

Rien ne m'est plus,
Plus ne m'est rien.

Voilà Charles d'Orléans orphelin : le voilà, à l'âge de
seize ans, devenu le chef de sa maison, et chargé de
venger l'outrage fait à sa famille. La tâche doit paraître
bien lourde au jeune duc, qui n'avait jusque-là vécu
que sous l'égide maternelle. Adieu la douce paix, adieu
le calme insouciant du premier âge ! Le prince sait bien
ce qu'il a perdu ; il entrevoit de cruelles nécessités ;
mais il sera à la hauteur de la situation qui lui est faite :
les événements qui venaient de se passer l'avaient mûri
tout-à-coup :

Ainsi du tout Enfance délaissay,

s'écrie-t-il, en soupirant. La mort de son père fit son
entrée dans le monde. Nous avons dit qu'il y eut toute sa
vie contraste entre les penchants de sa nature et les ca-

(1) Chron. d'Enguerrand de Monstrelet, vol. 1, f. 80.-
Edition de 1572, Paris.

prices de la fatalité : les devoirs qui lui sont désormais imposés en sont une nouvelle preuve. Le prince

Creu au jardin semé de fleurs de lis,

va être entraîné par la nécessité dans le tourbillon des discordes civiles, et forcé de renoncer souvent à ses habitudes studieuses pour poursuivre, l'épée à la main, le meurtrier de son père. Il l'avait juré entre les mains de Valentine mourante, et le chevalier se montrera fidèle à la religion du serment. La vengeance sera désormais son unique soin, sa passion dominante; s'il n'en eut pas d'autre, il eut du moins celle-là. N'en serait-ce pas assez pour le laver du reproche dont on l'a flétri, d'avoir eu le cœur froid et l'âme faible? La suite nous apprendra ce qu'il faut penser de ces accusations qui n'ont pu être portées que par l'ignorance ou la partialité.

Charles, avant de prendre les armes, ne négligea rien de ce qui pouvait assurer par la voie de la légalité le triomphe de son bon droit. Mais on sait quel fantôme était alors le représentant de l'autorité, quelle femme portait le titre de reine, et quel prince impie et sanguinaire avait la haute main dans le conseil du royaume. Charles et ses frères se virent réduits à se rendre à Chartres, pour y signer la ratification d'un traité de paix avec Jean Sans-Peur. Mais en vain celui-ci chercha-t-il à obtenir son pardon, en vain le roi, la reine et les princes les pressèrent-ils de se laisser fléchir; Charles

répondit au roi, qui lui avait enjoint d'obéir : « Sire, puisqu'il vous plaît commander, nous lui accordons sa requête et lui pardonnons la malveillance qu'avions contre
lui, car en rien ne voulons désobéir à chose qui soit à
votre plaisir. » Et il reprit la route de Blois [1].

C'était une réconciliation dérisoire, un honteux déni
de justice ; c'était une comédie jouée devant le peuple afin
qu'il pût calmer ses inquiétudes et se faire illusion sur l'a-
venir. Mais ni le duc de Bourgogne, ni le duc d'Orléans
ne s'y laissèrent prendre. Charles, toutefois, se tient
renfermé dans son château de Blois et garde un silence
affecté : il attend le sang-froid que donnent les années
et de mûres réflexions. Du reste, il connaît son ennemi : le soin de la défense de sa personne et de celle
de ses partisans suffit pour absorber tous les moments
du jeune prince ; mais sous cet air de calme apparent
sa pensée travaille, et la vengeance fermente au fond
de son cœur. Ce qui le prouve, ce sont les devises
qu'on lisait sur ses joyaux, d'après un inventaire de
1409 : « Item une verge d'or où il est écrit : *Dieu le
scet. —* Item une autre verge d'or où il est écrit : *Il est
loup. —* Item une autre verge d'or plate en laquelle est
écrit : *Souviegne-vous de,* etc. [2]. » Le duc Charles entretient des intelligences avec les autres princes, ennemis
déclarés du duc de Bourgogne. Louis, seigneur de Mont-

(1) Chron. de Monstrelet, vol. 2, f. 81, vº.
(2) Archives de l'Empire, 1. 1539.

joie, chevalier, conseiller du duc, était chargé de préparer ces alliances. Mais voilà qu'un nouveau sujet de douleur vient s'ajouter à ceux qui avaient déjà brisé le cœur du jeune prince : vers la mi-Septembre, 1409, Madame Isabelle meurt à Blois, en couche d'une fille. Le duc en fut fort sensiblement touché. Il pleura sa mort, s'occupa à des œuvres de piété pour le salut de la défunte et disposa de tout ce qu'elle avait laissé de beaux habits en faveur de l'abbaye de St-Denys et de quelques autres églises pour en faire des chasubles et des dalmatiques, afin que les ecclésiastiques se souvinssent de prier Dieu pour elle [1]. Charles avait été imbu par sa mère des sentiments d'une piété vive, mais éclairée, n'ayant rien d'outré ni de superstitieux : il n'aimait pas les bigots : « Des bigotz ne quiers l'accointance, » nous dira-t-il quelque part.

Plus retiré que jamais après la mort de sa femme, il ne sort enfin de sa retraite que pour s'acquitter de son serment et pour exiger, par les armes, la juste réparation due à sa famille. Qui pourrait l'accuser d'avoir violé la paix de Chartres? Etait-elle sérieuse? Le duc de Bourgogne l'avait si peu cru lui-même, qu'il s'était immédiatement préparé à entrer en lice. Il attendait. Mais quand même l'observation de cette paix imposée par la force eût été obligatoire au point de vue du droit, qui ne se sentirait disposé à excuser le jeune Charles de n'avoir

(1) Le Laboureur, t. 2, p. 706.

pas voulu pactiser avec l'assassin de ses parents? Quand
la voix de la justice est étouffée, celle de la raison peut
bien se taire aussi : le cœur alors dicte le devoir : on
prend les armes et l'on se rend justice par soi-même,
ou l'on meurt.

C'est le parti que prit Charles d'Orléans. Les ducs de
Berry et de Bourbon, mécontents du pouvoir que Jean
Sans-Peur s'arrogeait à la cour, formèrent avec lui une
confédération et lui firent épouser, en 1410, Bonne, fille
du puissant comte d'Armagnac. Ils envoyèrent une dé-
putation au roi : il était malade; le conseil des princes
leur fit répondre de mettre bas les armes. Un accommo-
dement fut proposé entre eux et le roi : les ducs de Berry
et de Bourbon y accédèrent; mais Charles, quoique abandonné, ne voulut point licencier ses troupes : il se prépara à la guerre pour son propre compte. Il passe l'hiver
de 1411 à rassembler ses moyens, prêt à poursuivre
avec acharnement, au retour de la belle saison, la vengeance de son père. Désapprouvé du peuple et du roi,
il expose ses motifs « en lettres longues et assez pro-
lixes [1], et faites en bel et doux langage, » dit Juvénal
des Ursins. Il adresse un manifeste au roi, au duc de
Guyenne, à l'Université, à la ville de Paris, pour re-
présenter l'horreur de l'assassinat du duc d'Orléans et
pour faire connaître les infidélités, les trahisons, les

_____

(1) Voir ces lettres dans Monstrelet, vol. 1, f. 108 à 114,
et dans Le Laboureur, p. 757.

parjures de son meurtrier. Ce manifeste, écrit de Jargeau-sur-Loire, le 14 Juillet 1411, est trop long, en effet, pour trouver place ici; il est respectueux, noble, éloquent, plein d'une juste indignation contre le duc de Bourgogne, de remontrances libres mais calmes au roi. Il y avait quatre ans que Charles attendait justice : on l'accusa, tout en reconnaissant que son plaidoyer était juste en soi, de la réclamer les armes à la main, de faire des alliances et des partis dans l'état, d'appeler même le secours et l'assistance des ennemis; on qualifiait cela d'attentat contre les lois divines et humaines, qu'il fallait réprimer comme un crime de lèse-majesté et d'un pernicieux exemple.

C'est le duc de Bourgogne qui inspirait ces accusations; Charles lui répondit par le cartel de défi suivant : « Charles, duc d'Orléans et de Valois, comte de Blois et de Beaumont, sire de Coucy, Philippe et Jean d'Orléans, comtes des Vertus et d'Angoulesme, à toi Jean qui te dis duc de Bourgogne, pour l'homicide horrible par toi proditoirement, de guet à pens, et par tes assassins ordinaires, commis en la personne de notre très-redouté Seigneur et Père, Louys duc d'Orléans, frère unique du roi, ton souverain et très-redouté Seigneur, nonobstant les sermens d'amitié, les alliances et la fraternité d'armes que tu auais iurée avec luy, et pour les trahisons, iniures et calomnies, contre nostre dit Seigneur et nous, par toy faites et controuuées en plusieurs manières : nous faisons assauoir que dés à présent et à l'aduenir nous te nuirons en toutes façons et de toutes nos forces, inuoquans contre tes trahisons et ton infidélité, la protection de Dieu et le secours de tous les gens de bien. Et en témoignage de la vérité du contenu en ces lettres, ie, Charles susdit, ay fait apposer mon seel à ces présentes, le dix-huitième iour de Iuillet mil quatre cens onze [1]. »

Là-dessus la guerre commença acharnée et meurtrière. Nous ne suivrons pas le duc dans le détail de ces nombreuses campagnes où l'histoire nous le montre se multipliant avec une activité prodigieuse. Charles vainqueur enfin du duc de Bourgogne vient assiéger Paris; mais la pitié va lui faire tomber les armes des mains. A l'exemple de ce qu'avait fait le duc de Bourgogne l'année précédente, 1411, il s'était vu forcé d'appeler les Anglais comme auxiliaires. Ceux-ci se mirent bientôt à ravager la Normandie, l'Anjou, l'Orléanais, jusqu'à ce qu'ils eussent reçu leur solde. Charles, attristé, sacrifia son ressentiment à la tranquillité publique : il consentit à un arrangement et vint à Paris; mais son rival n'y était plus. Son entrée dans la capitale fut un véritable triomphe; aussi, à la prière du duc de Guyenne, il consentit, de ce jour, à s'habiller d'or et de soie, et à quitter enfin son deuil, qu'il n'avait cessé de porter depuis la mort de son père.

Appelé à l'administration des affaires (1414), le duc

_____

(1) Le Laboureur, *p.* 761 ; Monstrelet, vol. 1, f. 114, v°.

d'Orléans n'y fait que ce que la fidélité et le zèle pour le bien de l'état exigent de lui. Mais Jean Sans-Peur trouve moyen de mettre les plus grandes entraves à la restitution des biens et des emplois des Orléanais. Mécontent, Charles quitte la cour et se retire dans ses domaines. Les exactions des *Cabochiens* le font rentrer en campagne : il revient à Paris et y fait célébrer un service solennel pour son père. Jean Petit avait prononcé l'apologie du meurtrier [1], Jean Gerson prononça l'oraison funèbre de la victime, et il n'oublia pas de menacer les coupables des vengeances célestes [2].

Nous touchons à 1415. Un orage menaçant venait de se former vers le nord : profitant de la division des princes français, Henri V d'Angleterre était descendu en Normandie ; le dauphin fit appel au patriotisme du duc d'Orléans : celui-ci fit taire de nouveau son ressentiment et vola à la défense de son pays. Le 25 Octobre 1415, se livra cette funeste bataille d'Azincourt où périt ce qui était resté de la chevalerie française après les désastres de Crécy et de Poitiers. Charles était à l'avant garde : il se conduisit en héros. Après la bataille il fut trouvé sous un monceau de cadavres, baigné dans son sang, mais respirant encore. Il fut fait prisonnier avec 1500 de ses compagnons d'armes, entre autres, le duc Jean Iᵉʳ de Bourbon. Le lendemain, Henri V emmena Charles à

(1) Le Laboureur, *p.* 631.
(2) Id., *p.* 664.

Calais en lui faisant donner tous les soins que réclamait sa position.

Que pensèrent les contemporains de la catastrophe d'Azincourt? Il n'est pas inutile de le constater ici, si nous voulons apprécier équitablement les raisons par lesquelles le prince cherche à expliquer, dans sa *Complainte de France*, les malheurs de son pays.

Ecoutons d'abord les lamentations du religieux de Saint-Denys : « A Azincourt, dit-il, tout ce qui n'eut pas de quoi promettre une haute rançon fut obligé de tendre la gorge, et de se rendre la victime de la menue soldatesque et de la canaille. Oh! reproche éternel! Oh! désastre à jamais déplorable! C'est la coutume de se consoler de semblables pertes, quand on est vaincu par des forces égales, et ce n'est pas un malheur extrême de reconnaître pour victorieux des vaillants guerriers ou des gentilshommes : mais c'est une double honte, et c'est de quoi faire étouffer un bon cœur de se voir battus par des mauvaises troupes, de le céder en valeur à des gens ramassés, et de reconnaître des valets armés pour vainqueurs et pour maîtres de sa vie et de sa liberté [1]. »

Pour expliquer ce désastre, l'historien s'en prend à toutes les classes de la société : au menu peuple qu'il trouve impie, crapuleux et fripon; aux prélats qu'il accuse d'être débauchés et simoniaques, n'ayant rien de saint, de juste, de sensé ni d'honnête; à la noblesse

_____

(1) Le Laboureur, *p*, 1010.

toute fondue en délices, en mauvais désirs, en vanité :
« il n'y a pas un gentilhomme qui ne dégénère de la valeur et de la vertu de ses ancêtres. Le diable a changé
l'union et l'amitié en haines mortelles et capitales. C'est
bien prouvé par la mort de Louis d'Orléans et ses funestes suites. »

Et il n'y eut pas que des français à tenir ce langage :
le roi d'Angleterre lui-même disait, après la bataille, au
duc d'Orléans qu'il emmenait prisonnier à Calais, que
cette victoire, dont il n'était pas digne, c'était Dieu qui
la lui avait donnée pour punir la France de son débor-
dement de voluptés, de péchés et de mauvais vices [1].

Alain Chartier aussi, dans un dialogue en prose,
impute les succès du vainqueur aux vices du vaincu.
Christine de Pisan, dans sa Complainte sur la folie de
Charles VI, dit :

> Pour nos péchiéz si porte la penance
> Nostre bon roy qui est en maladie.

Enfin au milieu de l'effroyable confusion qui caractérisa
cette malheureuse époque, « aucuns clercs du royaume
de France, dit Monstrelet [2], moult esmerveillés, firent
les vers qui s'ensuivent :

> Cy veoit-on que par piteuse adventure
> Prince régnant, plein de sa voulenté,

[1] Jean le Fèvre, Hist. de Charles VI.
[2] Vol. 2, f. 226, v°.

Sang si divers qui de l'autre n'a cure,
Conseil suspect de parcialité,
People destruit par prodigalité,
Feront encor tant de gens mendier
Qu'à un chascun fauldra faire mestier.

Noblesse fait encontre sa nature;
Le clergié craint et céle vérité;
Humble commun obéit et endure;
Faulx protecteurs luy font adversité

. . . .

Provision verbal qui petit dure,
Dont nulle rien n'en est exécuté;
Le roy des cieulx meisme est persécuté, etc.

Quand nous voulons juger d'un auteur, reportons-nous toujours au siècle où il a vécu, et n'oublions pas qu'au xvᵉ siècle encore, la superstition dans le culte et la métaphysique dans l'amour étaient, avec l'esprit de chevalerie, les principaux éléments du caractère de nos ancêtres.

Dira-t-on pourtant que c'est le point d'honneur chevaleresque qui détermina Charles d'Orléans à prendre place parmi les guerriers d'Azincourt? Cela ne tendrait à rien moins qu'à nier chez lui l'existence de tout sentiment patriotique. Non, il n'y eût pas eu félonie de sa part à ne s'armer point pour un roi qui ne savait pas venger la mort de son propre frère, et qui, au lieu de faire droit aux justes réclamations de son neveu, l'abandonnait au contraire en le livrant à la merci de son plus mortel ennemi. C'est donc l'abnégation et le dévouement qui le firent combattre au premier rang à Azincourt. Ne lui marchandons pas un éloge bien mérité pour ce mouvement de patriotisme. On pourra malheureusement, plus tard, se croire mieux fondé à prétendre qu'il oublia ses devoirs envers la patrie; encore aurons-nous à répondre à ce reproche de lâcheté dont on a en quelque sorte flétri ses poésies, et à cette accusation de manque de patriotisme que l'on a fait peser sur la mémoire de Charles d'Orléans. Qu'il nous suffise de dire ici que l'amour de la patrie, cette vertu des anciens, n'était pas celle qui distinguait les princes français du xv\ siècle. La patrie, où était-elle pour eux? Dans leurs apanages et dans leurs manoirs. Savait-on, sous Charles VI, à qui le trône des Valois allait définitivement appartenir? Les victoires de Jeanne d'Arc et l'épée de Dunois n'avaient pas encore chassé l'Anglais; Louis XI n'avait pas encore fait fléchir sous son autorité les ambitieux qui disputaient aux descendants de St-Louis la possession de la couronne. L'amour de la patrie française s'était réfugié peut-être chez le peuple, qui souffrait plus que les princes des maux de la guerre civile, et qui avait au cœur une haine invétérée contre l'Angleterre. C'est dans les chaumières de Normandie, chez le meunier de Vire et ses compagnons de table qu'il fallait l'aller chercher : à ceux-là, le patriotisme leur montait à la tête avec les fumées du *piot*. Olivier Basselin était le Tyrtée de la vallée de Vire.

Si Charles d'Orléans n'a pas composé un hymne en l'honneur de Jeanne d'Arc, est-il plus coupable que le roi Charles VII lui-même qui lui devait la couronne et qui la laissa brûler vive par ses ennemis? Et puis, cette héroïque pucelle de Vaucouleurs, était-ce un ange ou un démon? Qui le savait dans ce temps-là? Qui osait parler de celle qu'un honteux calcul ou une grossière superstition faisait regarder comme une sorcière? Mais d'ailleurs le prince s'est-il montré ingrat à l'égard de Jeanne d'Arc? N'a-t-il pas gardé pour cette héroïne une reconnaissance éternelle? Ne prit-il pas soin de pourvoir à tous les besoins de sa famille indigente, lorsqu'il fut de retour en France? Enfin, ses malheurs domestiques, les injustices dont il fut victime, l'ingratitude de la France à son égard et les longues souffrances de la captivité, qui lui inspirèrent plus d'une fois le dégoût de la vie, ne suffisent-ils pas pour expliquer sa froideur envers Charles VII et pour le justifier du peu de patriotisme qu'il sembla montrer tant qu'il fut en prison?

II.

PENDANT SA CAPTIVITÉ.

—

Charles d'Orléans entra en prison le vendredi qui précéda la Toussaint de l'an de grâce 1415. A peine les blessures qu'il avait reçues sur le champ de bataille d'Azincourt étaient-elles fermées, que la nouvelle de la mort de sa seconde femme, Bonne d'Armagnac, vint le frapper comme un coup de foudre, comme si ce n'était pas assez pour lui des douleurs de la captivité et de tant d'autres sujets de larmes. De ce moment il disparaît de la scène politique. Son rôle comme chef de parti a cessé. Il ne demande plus qu'à la poésie des consolations contre toutes ses infortunes; car que devenir en prison? comme dit M. Villemain; — poète si l'on peut. Ici commence en effet la vie poétique de Charles d'Orléans : elle durera jusqu'à sa mort. Il nous fait ses confidences dans ses poésies; il nous y révèle sa pensée et son cœur; il y retrace ses joies, ses douleurs, ses espérances et ses ennuis. Nous pourrions avec elles suivre presque pas à pas sa destinée de chaque jour; mais nous ne voulons pas anticiper sur l'avenir.

Le premier lieu de captivité de Charles d'Orléans fut le château de Windsor. Il ne tarda pas à s'y occuper des moyens de pourvoir à sa rançon et à celle des otages qu'il avait donnés autrefois aux Anglais comme garants des traités par lesquels il en avait reçu des troupes auxiliaires dans sa guerre contre le duc de Bourgogne. Pour arriver à ce but, il prescrivit, par différentes lettres patentes, la plus grande économie dans l'administration de son apanage. Il en avait confié la surveillance à son frère Jean, dit le Bâtard d'Orléans, qui s'acquitta de sa mission avec les soins les plus intelligents et les plus dévoués. Des sommes considérables lui étaient apportées en Angleterre; mais on retardait par toutes sortes de difficultés les affaires du prince. Des conditions humiliantes étaient imposées aux officiers de sa maison qui passaient la mer; et cependant leurs voyages avaient pour objet le rachat des otages; mais Henri V avait des raisons pour le tenir plus à l'étroit que les autres : il savait de quelle importance était cette capture. Il rêvait pour le printemps prochain une nouvelle descente en France, à la tête d'une armée formidable; et, faisant ses préparatifs en présence de ses prisonniers, il leur disait en les raillant : « Je ne crains rien pour l'exécution de mes desseins; car j'espère, mes bons cousins, que vous payerez les frais de cette guerre. » Il devait donc surveiller de près le duc Charles; il écrivit même dans son

testament de ne pas le rendre à la liberté avant la majo-
rité de son fils. Tant que les Anglais purent croire qu'il
avait chance d'arriver au trône, ils ne voulurent jamais
lui permettre de se racheter. D'autres motifs, que l'on
n'ose avouer, contribuaient encore à cette dureté des
vainqueurs : la cupidité les rendait impitoyables. Ils ne
se pressaient pas de délivrer le duc « pour ce que chacun
en avait une très grande somme de pécune pour bien
largement payer ses dépens... Si le roi et ceux qui
avaient le gouvernement des besognes touchant les seigneuries du dessus dit duc eussent long-temps par avance
conclu de ne lui point envoyer les dites finances, il est
à supposer que sa délivrance eût été plus tost trouvée
qu'elle ne fut [1]. »

Il ne resta pas longtemps à Windsor avec ses compagnons d'infortune : il fut séparé d'eux pour être renfermé
dans la prison de Pomfret, sombre et sinistre prison,
dit M. Michelet, qui n'avait pas coutume de rendre ceux
qu'elle recevait : témoin Richard II. Peut-être cependant ne fut-elle pas si sombre pour Charles d'Orléans :
ce qui nous le fait croire, c'est la chanson 47e, qui semble
se rapporter à la date où il était dans cette prison :

> Afin que tost soit abrégé
> Le mal qui me porte grevance,
> Les fourriers d'Amours m'ont logé
> En un lieu bien à ma plaisance...

[1] Monstrelet, vol. 2, f. 173.

Sous le voile de l'allégorie, le poète fait presque toujours allusion à sa situation réelle. « Il y passa de longues années, ajoute M. Michelet, très honorablement, sévèrement, sans compagnie, sans distraction; tout au plus la chasse au faucon, chasse de dame, qui se faisait ordinairement à pied, et presque sans changer de place. C'était un triste amusement dans ce pays d'ennui et de brouillard, où il ne faut pas moins que toutes les agitations de la vie sociale et les plus violents exercices, pour faire oublier la monotonie d'un sol sans accident, d'un climat sans saison, d'un ciel sans soleil. Mais les Anglais eurent beau faire, il y eut toujours un rayon de soleil de France dans cette tour de Pomfret. Les chansons les plus françaises que nous ayons y furent écrites par Charles d'Orléans. »

Pendant l'année 1422, Charles fut enfermé au château de Bolingbroke; la garde de sa personne coûtait alors *vynt souldz le jour* [1]. Le prince continua de faire venir de France toutes les provisions de corps et de bouche qui lui étaient nécessaires pour vivre selon son rang, et chaque fois un sauf-conduit devait être préalablement obtenu du roi d'Angleterre.

Ramené à Londres en 1430, le duc Charles fut confié à la garde de Jean de Cornwaille, qui en fit l'entreprise au prix de 300 marcs par an. Mais cette somme parut bientôt exorbitante au conseil d'Angleterre. Les finances

---

(1) Rymer, t. X, *p.* 289.

du royaume étaient alors dans un fâcheux état. On mit donc au rabais, par adjudication publique, la garde du prince Français. Le comte de Suffolk offrit de s'en charger au plus bas prix, et elle lui fut adjugée moyennant *quatorze sols et quatre deniers par jour* [1].

Toutes ces humiliations avaient brisé le cœur du prince; sa santé en fut même fort altérée. Aussi dira-t-il plus tard, dans son plaidoyer pour le duc d'Alençon : « En ma prison, pour les ennuys, desplaisances et dangiers en quoy je me trouvoye, j'ay maínteffoiz souhaidié que j'eusse été mort à la bataille où je fus prins.»

Il nous peint dans ses poésies ses souffrances et sa détresse, et dans son langage allégorique on voit percer son dépit contre la cour de France qu'il avait loyalement servie et qui l'abandonnait dans sa prison. Témoin la complainte 2, *p.* 86 de l'édition A. Champollion :

Amour, ne vous vueille desplaire,
Se trop souvent à vous me plains;
Je ne puis mon cueur faire taire
Pour la doleur dont il est plains.
Hélas ! vueilliez penser aumoins
Au service qu'il vous a fais,
Je vous empry à jointes mains,
Car il en est temps ou jamais.

Monstrez qu'en avez souvenance
En lui donnant aucun secours,

(1) Extrait de la Notice sur Charles d'Orléans, par M. A. Champollion-Figeac.

Faisant semblant qu'avez plaisance
Plus à son bien qu'à ses dolours.
Ou me dictes, pour Dieu ! Amours,
Si le lairez en cest estat ?
Car d'ainsi demourer tousjours,
Cuidez-vous que ce soit esbat ?

Nennil : car Dangier qui désire
De le mettre du tout à mort,
L'a mis pour plus tost le destruire
En la prison de Desconfort...
. . . .
Il porte le noir de tristesse
Pour Reconfort qu'il a perdu ;
N'oncques hors des fers de Destresse
N'est party pour mal qu'il ait eu.
Toutesfois vous avez bien sceu
Qu'à vous s'estoit du tout donné,
Quelque doleur qu'il ait receu :
Et vous l'avez abandonné !

Par m'âme ! c'est donner couraige
A chascun de vos serviteurs
De vous laissier, s'il estoit saige,
Et quérir son party ailleurs ;
Car tant qu'aurez tels gouverneurs
Comme Dangier le desloyal,
Vous n'aurez que plains et clameurs,
Car il ne fit oncques que mal...
. . . .
Or, regardez : n'est-ce merveille
Qu'il vous ayme si loyaument ?

Quant toute doleur nompareille
A receu sans alegement.
Et si le porte lyement,
Pensant une fois mieulx sera,
A vous s'en attent seulement,
Ne jà autrement ne fera.

Si m'a chargié que vous requière
Comme piéçà vous a requis,
Que vueilliez oyr sa prière,
C'est qu'il soit hors de prison mis,
Et Dangier et les siens bannis,
Qui jamais ne vouldront son bien :
Ou aumoins qu'aye saufz-conduis
Qu'ilz ne lui mesfacent de rien ;

Afin qu'il puist oyr nouvelle
De celle dont il est servant,
Et souvent veoir la beauté belle ;
Car d'autre rien n'est désirant
Que la servir tout son vivant,
Comme la plus belle qui soit ;
A qui Dieu doint des biens autant
Que son loyal cueur en vouldroit.

Est-il besoin de traduire le sens de cette allégorie ?
Est-ce là un simple jeu de l'imagination ? N'y a-t-il pas
sous ces paroles voilées la réalité même, le roi de France
et son conseil, en tête duquel le duc de Bourgogne sous
le nom de *Dangier le desloyal;* le service rendu à Azincourt, l'ingratitude de celui qui l'avait reçu, et, malgré
tout cela le loyal dévouement du prisonnier qui supplie

à jointes mains? Et cette *beauté belle* qu'il désire uniquement servir, n'est-ce pas sa patrie, n'est-ce pas la France?

Mais il n'a pas que la douleur de se voir abandonné par la cour de France; il faut encore qu'au milieu de toutes les misères de la captivité il se contraigne à prendre un air résigné et même joyeux, pour échapper aux ris moqueurs de ses ennemis qui osent insulter à ses malheurs :

> . . . . . . Certes j'endureray
> Au desplaisir des jaloux envieux,
> Et me tendray, par semblance, joyeux :
> Car quant je suis en greveuse penance,
> Ils reçoivent, que mal jour leur doint Dieux !
> Autant de bien que j'ay de déplaisance.

Cette obligation où il se trouve, de faire de nécessité vertu, et l'espoir, dont il se berça toujours, lui font quelquefois prendre le dessus ; et dans un de ces moments de joyeuse humeur, il nous peint, en se moquant, le sort d'un prisonnier de guerre :

> Cueur, trop es plain de folie : etc. (1).

Mais ces heures d'insouciante gaieté sont rares : il retombe bientôt dans sa tristesse accoutumée : il se rappelle sa jeunesse que Fortune lui a fait passer,

_____

(1) Ballade 92, *p.* 178.

Dieu scet comment, en doloreux party.

Quand trouvera-t-il, loin de la surveillance de ses geôliers, ce repos, cette douce tranquillité après laquelle son cœur soupire? Car il lui faut *demourer en soussy*, dit-il,

> Loings de celle par qui puis recouvrer
> Le vrai trésor de ma droitte espérance,
> Et que je vueil obéir et amer
> Très humblement, de toute ma puissance.

Quelle est celle-là? L'allusion laisse assez voir que c'est encore la France : la France, voilà donc la véritable dame de ses pensées; c'est à elle qu'il s'adresse quand, cédant à l'excès de sa douleur, il exhale ces plaintes amères :

> Me fauldrez-vous à mon besoing,
> Mon reconfort et ma fiance;
> M'avez-vous mis en oubliance,
> Pour tant se de vous je suis loing?
>
> N'avez-vous pitié de mon soing?
> Sans vous, savez que n'ay puissance.
> Me fauldrez-vous, etc.
>
> On ferait des larmes un baing
> Qu'ay pleurées de desplaisance,
> Et crié par désespérance,
> Férant ma poitrine du poing :
> Me fauldrez-vous à mon besoing (1)?

(1) Rondel 11, *p.* 116.

Ce cri de désespoir allait enfin avoir un écho. Il était temps ; car le prince était réellement tenu bien à l'étroit et ses souffrances étaient de celles qui usent bientôt les ressorts de l'âme même la mieux trempée. La voix de sa muse, c'est lui-même qui nous l'apprend, s'était depuis longtemps éteinte. A peine jetait-elle encore de loin en loin quelques cris plaintifs, quelques gémissements étouffés. On n'entendait plus parler de lui en France ; on finit par croire qu'il était mort : le bruit s'en était répandu. Ce fut pour lui le sujet de la jolie ballade où il révèle au monde *qu'encore est vive la souris* (*p.* 179).

Un rayon d'espérance venait de luire à l'horizon. Nous sommes en 1432. Charles VII avait depuis dix ans succédé à son père ; la pucelle d'Orléans venait de le faire sacrer à Reims. Avant de mourir, elle avait prédit la délivrance du prince captif. La duchesse de Bourgogne [1], voulant réaliser cette prédiction, essaya de faire renouer avec l'Angleterre les négociations, depuis longtemps rompues, touchant le rachat du prisonnier d'Azincourt. L'espoir de la paix le fit sortir de sa léthargie et lui inspira une ballade de reconnaissance envers la duchesse de Bourgogne :

> Mon cueur dormant en nonchaloir,
> Réveilliez-vous joyeusement (2)...

(1) Femme de Philippe le Bon. Dès l'an 1419 Jean Sans-Peur avait expié son forfait par une mort digne de lui. Son insolence à l'entrevue du pont de Montereau lui coûta la vie : Tanneguy Duchâtel le tua sur place.—(2) B. 71, *p.* 130.

Il fait part de ses espérances au duc de Bourbon, prisonnier comme lui :

> Mon gracieux cousin, duc de Bourbon,
> Je vous requier, quant vous aurez loisir,
> Que me faittes, par balade ou chançon
> De vostre estat aucunement sentir :
> Car, quant à moy, saichez que, sans mentir,
> Je sens mon cueur renouveller de joye,
> En espérant le bon temps advenir
> Par bonne paix que brief Dieu nous envoye (1).

Il se flattait de revoir bientôt son *gracieux cousin;* mais ce bonheur devait lui être refusé : le duc de Bourbon mourut cette année-là même (1433), en prison. Quant à la paix, qu'il espérait voir prochainement conclue, il l'attendra de longues années encore ; et cependant avec quelle touchante éloquence ne plaide-t-il pas pour elle (2)? Mais les préliminaires du traité soulevèrent de grandes difficultés : la position des prisonniers était l'une des principales.

Nous arrivons à une époque délicate de la vie du prince; une lutte terrible devait se passer au fond de son cœur. Il savait que sa présence de l'autre côté du détroit aurait bien avancé les affaires; mais les Anglais, qui n'ignoraient pas l'importance d'un tel voyage, profitaient des circonstances et n'épargnaient pas le duc

(1) B. 24, *p.* 180.
(2) B. 90, *p.* 176.

dans les conditions qu'ils y mettaient. Aux termes de ces conditions, il se voyait dans la triste alternative ou de rester indéfiniment prisonnier, ou de devenir presque traître à la France. C'était donc une lutte entre le devoir et la mort. Mais quel homme, après dix-huit ans de captivité, de souffrances et d'humiliations de toute sorte, ne serait pas excusable de se laisser aller à une faiblesse, et d'abandonner enfin des ingrats qui l'auraient abandonné lui-même, malgré les services qu'ils en auraient reçus, malgré ses prières, ses supplications et ses larmes?

Telle était en effet la position de Charles d'Orléans; nous en avons déjà donné des preuves; le récit suivant en offre de nouvelles. Il trouve un jour chez le comte de Suffolk, alors son gardien, les ambassadeurs de Philippe de Bourgogne. Il vient à leur rencontre, et, leur pressant tendrement la main, il répond à l'un d'eux, qui s'enquérait de sa santé : « Mon corps est bien ; mais mon âme est douloureuse ; je meurs de chagrin de passer les plus beaux jours de ma vie en prison, *sans que personne songe à mes maux.* » Puis, après quelques paroles échangées, le prince ajouta : « Et ne viendrez-vous point me visiter? Promettez-le-moi ; vous savez si je serai heureux de vous voir. » Le comte de Suffolk ne permit pas d'entretien particulier. Il y avait dans l'hôtel de ce comte un barbier, natif de Lille, et nommé Jean Canet; le prince aimait causer avec lui ; c'était un compatriote. Jean Canet alla trouver les ambassadeurs bourguignons et leur dit que le prince estimait grandement son cousin le duc Philippe, et qu'il les priait de se charger d'une lettre pour lui. Mais cette lettre envoyée le lendemain n'avait pas été écrite librement [1].

Philippe était toujours l'ami des Anglais et l'ennemi de Charles VII ; le traité d'Arras, qui devait changer les rôles, n'était pas encore signé. Charles d'Orléans craignant de voir, comme toujours, les négociations rompues, souscrivit, pour aller en France, travailler à la paix, à tout ce qu'exigea la dureté des Anglais. Voici, dans toute sa raideur, l'acte d'accusation qu'on a dressé contre lui et qu'il n'a mérité qu'en cédant, pour ainsi dire, à l'impitoyable loi de la nécessité :

« Pendant sa captivité, Charles d'Orléans ne se montra point favorable à la cause de Charles VII qu'il nommait toujours le dauphin Charles. N'ayant d'autre désir que celui de rentrer en France, il se montra prêt à sacrifier l'indépendance de sa patrie et la couronne qui appartenait au chef de sa maison. Par un acte signé et scellé de lui (Août 1433), il promit son hommage au roi Henri VI, qu'il appelait *roi de France*, ne demandant pour Charles qu'une provision notable et honnête de quelques terres et domaines. Il s'engageait enfin à livrer aux Anglais Orléans, Blois, Limoges, Bourges, Poitiers, etc. [2]. »

(1) De Barante, Hist. des ducs de Bourgogne. — Cité par M. Guichard.

(2) Ed. Boinvilliers, Elém. d'hist. de France.

Ce langage est bien sévère, dépouillé de toutes les raisons qui peuvent militer en faveur de Charles d'Orléans; car, après tout, quelle est la valeur des traités arrachés par la force? Je le demande aux Etats de Tours de 1506, et vingt ans plus tard à ceux de Cognac. Louis XII, par le troisième traité de Blois, et François Ier, par le traité de Madrid, semblaient aussi démembrer la France : ces actes ont-ils empêché de donner au premier le beau surnom de *Père du peuple*, et d'attacher au second, avec le nom de *Père des lettres*, le souvenir du prince le plus chevaleresque et le plus français? Pourquoi s'imaginer que le traité imposé par les Anglais à leur captif n'eût pas été cassé par la France, aussi bien que ceux de Blois et de Madrid, et pourquoi n'avoir pas pour Charles d'Orléans, pour un poète, la même indulgence que pour son fils et son petit neveu? Nous ne saurions toutefois l'excuser; mais nous compatissons à ses infortunes, et nous pleurons avec lui la faiblesse à laquelle elles le firent condescendre.

Au moment du traité d'Arras (1435), Charles était à Calais. Le duc de Bourgogne s'y fit l'ennemi des Anglais pour servir dorénavant la France avec loyauté. De cette époque aussi Charles d'Orléans devint l'ami du duc de Bourgogne, comme l'atteste la ballade 96, *p.* 183 :

> Puisque je suis vostre voisin
> En ce païs, présentement,
> Mon compaignon, frère et cousin,
> Je vous requier très chièrement

Que de vostre gouvernement
Et estat me faittes sçavoir;
Car j'en orroye bien souvent,
S'il en estoit à mon vouloir.

Il n'est jour, ne soir, ne matin
Que ne prie Dieu humblement
Que la paix prengne telle fin,
Que je puisse joyeusement
Parler à vous et vous véoir :
Ce seroit très hastivement
S'il en estoit à mon vouloir, etc.

Le duc de Bourgogne lui répondit :

S'il en estoit à mon vouloir,
Mon maistre et amy sans changier,
Je vous asseure, pour tout voir (1),
Qu'en vos faits n'auroit nul dangier :
Mais par deçà, sans attargier (2)
Vous verroye hors de prison,
Quitte de tout, pour abrégier,
En ceste présente saison... etc.

Mais la paix n'aboutit pas encore, et force fut au prince
de reprendre ses fers au mois de Mars 1436. Le château
de Wingfeld lui fut alors assigné pour résidence. De la
garde du comte de Suffolk, il passa dans celle du chevalier de Cobham. Néanmoins, la conclusion de la paix, à

(1) Vrai.
(2) Sans retard.

laquelle était attachée sa délivrance, ne semblait plus être qu'une question de temps. Il espérait : le duc de Bourgogne s'occupait toujours de lui. Une autre circonstance favorable pour Charles d'Orléans, c'était le mauvais état du trésor public d'Angleterre. « Il rendit le conseil plus facile pour le traité de rançon, et inutile la sévère persistance de quelques-uns de ses membres. Charles provisoirement libre de sa personne, mais non pas de sa parole, s'obligea à travailler à la paix générale et définitive. On a dit que l'Angleterre espérait ainsi ranimer la querelle d'Orléans et de Bourgogne et rendre tout traité impossible. Il en fut autrement [1]. » La correspondance entre Charles et Philippe devint de plus en plus intime et sincère : leur amitié alla chaque jour en se resserrant; on le voit dans plusieurs ballades du duc d'Orléans :

> Pour le haste de mon passaige
> Qu'il me convient faire outre mer,
> Tout ce que j'ay en mon couraige
> A présent ne vous puis mander.
> . . . .
> Je vous envoyeray messaige
> Se Dieu plaist, briefment, sans tarder,
> Loyal, secret et assez saige,
> Pour bien à plain vous informer
> De tout ce que pourray trouver
> Sur ce que sçavoir désirez.
> Pareillement fault que mettez

(1) Champollion.

Et faictes, vers la part de France,
Diligence, soingneusement.
Je vous en requier humblement,
De cueur, de corps et de puissance, etc.

Il lui laisse même son cœur en gage, *pour toujours, sans jamais fausser*, et le prie de le recommander à sa cousine :

Tout Bourgongnon sui vrayement
De cueur de corps et de puissance (1),

dit-il en finissant. Le duc de Bourgogne lui répond encore :

De cueur, de corps et de puissance
Vous mercie très humblement
De vostre bonne souvenance
Qu'avez de moy soingneusement :
Or povez faire entièrement
De moy en tout bien et honneur
Comme vostre cueur le propose,
Et de mon vouloir soiez seur,
Quoyque nul die ne deppose.

Ne mettez point en oubliance
L'estat et le gouvernement
De la noble maison de France
Qui se maintient piteusement.
Vous sçaurez tout, quoy et comment :
Je n'en dy plus pour le meillieur ; etc.

(1) B. 97, *p.* 184.

Ils s'entendent donc parfaitement. Le duc de Bourgogne ne met qu'une condition à ses démarches pour la délivrance du prince Français : c'est qu'il épousera la fille de sa sœur, Marie de Clèves. Charles ne se montra pas récalcitrant sur cet article-là. Il promit « en parole de prince, que, si ainsi était que le duc de Bourgogne le pût et le voulsît aider à délivrer d'icelle servitude, il serait contant de prendre sa dite nièce à épouse [1]. »

Pour avancer plus en besogne, Charles autorise (2 Avril 1437) le Bâtard d'Orléans, qu'il avait, comme nous l'avons dit, chargé de l'administration de ses biens, à aliéner de ses domaines jusqu'à la somme de quarante-deux mille écus. Il apprend alors au duc de Bourgogne qu'il doit être *eslargy une saison*, *pour pourchasser la paix et aussi sa raençon.* En effet, au mois de Juillet 1438, le duc d'Orléans était de nouveau à Calais. Le duc de Bretagne, le duc de Bourgogne et le Bâtard d'Orléans signèrent enfin, avec les ambassadeurs Anglais, les premières bases d'un traité. La duchesse de Bourgogne, qui assista à cette conférence, y conçut pour le prince la plus vive estime, et son frère Jean lui prodigua les témoignages d'une si tendre amitié, que Charles reconnaissant lui fit donation du comté de Dunois. Dès-lors son frère et son cousin de Bourgogne ne prirent plus de répit dans la poursuite de la paix, qu'ils n'en eussent assuré la conclusion. Mais il fallut de la discrétion, de

(1) Monstrelet.

l'habileté, de la ruse même; c'est le duc d'Orléans en
personne qui nous le dit :

AU DUC DE BOURGOGNE.

—

> Pour ce que je suis à présent
> Avec la gent vostre ennemie,
> Il faut que je face semblant
> Faignant que ne vous ayme mie.
> Non pourtant, je vous certiffie
> Et vous pry que vueilliez penser
> Que je seray toute ma vie
> Vostre, loyaument, sans faulser.
>
> Tous maux de vous je voiz (1) disant,
> Pour aveugler leur faulse envie;
> . . . .
> Faignez envers moy mal talant (2),
> A celle fin que nul n'espie
> Nostre amour. . . . . .
> Peu de nombre fault que manie
> Noz faiz secrets, par bien céler,
> Tant qu'il soit temps qu'on me publie
> Vostre loyaument, sans faulser.

Et comme s'il craignait encore que le duc de Bourgogne ne fût pas assez sûr de lui, il ajoute :

> Dieu me fière (3) d'espidimie
> Et ma part ès cieulx je renie,

(1) Vais.
(2) Mauvaise volonté.
(3) Frappe.

Se jamais vous povez trouver
Que me faingne par tromperie
Vostre, loyaument, sans faulser (1).

Il fallut obtenir l'adhésion des deux couronnes ; elle fut donnée le 2 Mars 1439. Les instructions relatives au prince poète y sont très étendues. Enfin, dès le mois de Juillet suivant, Charles, toujours à Calais, acheta de nombreux bijoux et « c et viii tonneaux de vin creu des pays d'Orléans et de Blois (2), » pour les offrir en présent aux négociateurs des deux nations : c'était un usage antique et malheureusement général. Charles d'Orléans le connaissait; en prince habile il s'y conforma.

Au mois de Février 1440, dans la petite ville d'Oie, entre Calais et Gravelines, s'assemblèrent pour les conférences définitives les plénipotentiaires des deux nations. On tomba enfin d'accord « moyennant et par tel si que le duc de Bourgogne baillât son scel au roi d'Angleterre pour la somme qui entre eux fut dite et devisée (3). » Sa rançon fut fixée à la somme énorme de cent vingt mille écus d'or. Le dauphin, un grand nombre de seigneurs du royaume de France, et parmi eux les plus qualifiés, se portèrent garants du paiement de cette somme.

(1) B. 104, *p.* 188.
(2) Compte de dépenses de la Maison d'Orléans. Original en parchemin conservé à la Bibliothèque-Impériale.
(3) Monstrelet, vol. 2, f. 173.

Voilà le prisonnier libre en droit, mais de fait, pas encore. Que lui manquait-il? Le nerf de toute chose en ce monde, surtout chez nos voisins d'outre-Manche : il n'avait pas d'argent : difficulté grave, mais non insoluble. Il en glisse adroitement un mot dans l'expression de sa reconnaissance au duc de Bourgogne :

> Beau-fraire, je vous remercie,
> Car aidié m'avez grandement,
> Et oultre plus vous certiffie
> Que j'ay mon fait entièrement.
> Il ne me fault plus rien qu'argent
> Pour avancer tost mon passaige ;
> Et pour en avoir prestement,
> Mettroye corps et âme en gaige.
>
> Il n'a marchant en Lombardie,
> S'il m'en prestoit présentement,
> Que ne fusse toute ma vie
> De cueur à son commandement ;
> . . . .
> Car se je suis en ma patrie,
> Et oultre la mer franchement,
> Dieu mercy, point ne me soussie
> Que n'aye des biens largement,
> Et desserviray loyaument
> A ceux qui m'ont de bon couraige
> Aidié sans faillir nullement,
> Pour mettre cueur et corps en gaige (1).

(1) B. 100, p. 187.

Quand on demande avec tant d'esprit, on n'éprouve point de refus. Charles put donc dire un long adieu au ciel brumeux de la Tamise et venir réchauffer son cœur au doux soleil de son pays. Il y avait vingt-cinq ans qu'il n'en avait pas foulé le sol d'un pied libre.

III.

APRÈS SA CAPTIVITÉ.

—

La duchesse de Bourgogne et, peu après, le duc lui-même avec toute sa cour, vinrent le recevoir à Grave-lines. L'entrevue fut touchante : « Ils s'entre accolèrent et embrassèrent plusieurs fois ; et pour la grande joie qu'ils avaient de voir l'un l'autre, ils furent moult longue espace qu'ils ne disaient rien l'un à l'autre. Et premièrement parla le duc d'Orléans et dit : Par ma foy, beau frère et beau cousin, je vous dois aimer par dessus tous les autres princes de ce royaume, et ma belle cousine votre femme ; car, si vous et elle ne fussiez, je fusse demeuré à toujours au danger de mes ennemis, et n'ay trouvé meilleur ami que vous [1]. »

On s'étonnera peut-être de cette réconciliation si entière, de cette alliance si intime du duc d'Orléans avec

_____

(1) Monstrelet, vol. 2, f. 173, v°.

cette maison de Bourgogne qui lui avait fait tant de mal à lui-même, à sa famille et à la France. Mais toute chose a son temps: les haines elles-mêmes ne peuvent, Dieu merci, durer éternellement. Remarquons qu'il y avait trente-deux ans que Louis d'Orléans était tombé sous le poignard de Jean Sans-Peur. Celui-ci avait expié son crime; son fils, surnommé le Bon, n'était pas coupable du forfait de son père, et il avait bien mérité, par son dévouement à la cause du duc d'Orléans, l'affection que lui témoignait ce dernier; enfin depuis cinq ans il s'était réconcilié avec la maison de France qu'il servait depuis cette époque avec une fidélité des plus louables. Il était donc bien permis d'oublier le souvenir du passé, et la France devait voir avec la plus grande joie un rapprochement qui mettait un terme à ses maux et dans lequel elle voyait le gage d'un plus heureux avenir. Ainsi, loin de blâmer la conduite du duc d'Orléans, reconnaissons plutôt qu'il y avait de la grandeur d'âme dans l'accomplissement d'un acte qui, en assurant son bonheur et son repos, garantissait aussi le repos et le bonheur de sa patrie.

Les fiançailles du duc d'Orléans avec Marie de Clèves, nièce du duc de Bourgogne, furent célébrées le 16 Novembre et consacrèrent toutes les amitiés nouvelles. Une pompe sans exemple fut déployée dans les fêtes données à l'occasion de ce mariage. Le duc de Bourgogne tint un chapitre extraordinaire de son ordre de la Toison-d'Or pour y recevoir le duc d'Orléans; le prince français de-

manda alors à son beau cousin de Bourgogne de vouloir
bien porter aussi le collier de son ordre du Porc-Epic [1].

On accourait de toute part à St-Omer pour voir le
prince et lui témoigner la joie qu'inspirait son retour.
C'est dans cette ville qu'eurent lieu les fiançailles, entre
les mains de l'archevêque de Narbonne, ambassadeur
du roi, Charles d'Orléans y jura le traité d'Arras; mais
il refusa de s'excuser au sujet du meurtre de Jean Sans-
Peur, attestant qu'il n'avait été nullement complice de
ce crime et qu'il l'avait même appris avec le plus grand
regret, « voyant et considérant que par le moyen de la
dite mort, le royaume de France était en plus grand
danger que devant [2]. »

« Ci commencèrent léans à mener grand'joie et faire
moult grands fêtes et esbattemens,... et soutenait le dit
duc de Bourgogne tous les dépens du dit duc d'Orléans
et de ses gens [3]. »

A Bruges, les fêtes les plus splendides, les jeux publics, les illuminations recommencèrent pour célébrer
la bienvenue des deux ducs. A Gand enfin ils se quit-
tèrent : Charles prit la route de Tournai. On se pressait
de tous côtés sur son passage; tous voulaient être
attachés à sa maison en qualité de pages, archers ou
gardes du corps; en un instant le duc se vit entouré
d'un train de plus de trois cents chevaux. De Tournai il

(1) Monstrelet, vol. 2, f. 175.
(2) Monstrelet, vol. 2, f. 174.
(3) Id., f. 174 et suiv.

alla à Valenciennes, puis à Quesnoy-le-Comte, puis à Cambrai, à St-Quentin, à Noyon, à Compiègne, à Senlis et arriva enfin à Paris; « et partout où il passait et séjournait, on lui faisait aussi grand honneur et révérence comme on eût fait à la personne du roi de France ou à celle de son fils le dauphin; et avaient les gens moult grand confidence et espérance que par son retour et déprisonnement viendrait grand consolation au royaume de France. »

Mais l'alliance du duc d'Orléans avec le duc de Bourgogne, son royal cortège, sa marche triomphale à travers les villes de France, firent ombrage au monarque qui le fit prévenir qu'il le recevrait, mais seul, ou tout au plus avec quelques personnes de sa suite. Le duc mal satisfait quitta immédiatement Paris pour Orléans; de là il se rendit à Blois et dans ses autres seigneuries, où il fut encore mieux reçu de ses vassaux et de ses sujets. Toutefois, peu de temps après son arrivée, il faillit être empoisonné, à l'instigation de certains seigneurs de France, par un de ses écuyers. C'était un avertissement utile pour l'avenir. Le coupable fut jeté à la Loire; quant à ceux qui l'avaient poussé au crime, on n'osa pas publier leurs noms [1].

Voilà donc le prisonnier de retour dans le manoir de ses pères; il pourra désormais y goûter cette vie toute pacifique et littéraire qu'il avait si longtemps rêvée; il

(1) Monstrelet, vol. 2, f. 181.

s'y montrera amoureux de son repos, et, pour le mieux assurer, il évitera soigneusement de reparaître sur la scène politique où deux circonstances seulement le rappelleront. Cependant, avant de se renfermer dans le cercle de ses amis et dans le doux commerce des muses, il fera quelques excursions dans cette France qu'il avait pleurée ; il prendra plaisir à revoir des lieux chéris, d'autant plus que, tout en renouant d'anciennes connaissances, il aura la satisfaction de rendre au roi Charles VII un service signalé.

Le duc d'Orléans était encore à Blois les 16 et 17 Avril 1441. Il en partit au mois de Juillet pour se rendre à Tours et de là à Montfort, à Rennes, à Josselin, à Ploërmel ; il revint par Laguierche, Craon, Château-Gonthier et la Flèche : partout les seigneurs le traitaient magnifiquement et à leurs frais. Au mois de Novembre de cette même année Charles était à Hesdin, pour y resserrer son alliance avec le duc de Bourgogne. Il reprit la route de Blois par St-Pol, Arras et Paris. Ces voyages avaient un but politique ; Charles d'Orléans s'efforçait de mettre de l'entente entre les princes pour les vœux qu'ils voulaient présenter au roi en faveur de la paix générale. Dans une réunion tenue à Nevers, des remontrances furent enfin rédigées ; mais la réponse qu'y fit Charles VII ne fut pas de nature à satisfaire les princes, ce qui fit que beaucoup d'entre eux ne parurent point au siège de Pontoise (1442). Peu après, de nouvelles remontrances furent soumises au roi, qui se trouvait alors à Limoges. Charles d'Orléans s'y rendit et aida Charles VII à modérer ce mouvement d'opposition de plus en plus prononcé. Martial d'Auvergne nous apprend qu'à cette occasion le roi, pour témoigner sa reconnaissance au duc, lui fit don d'une somme de cent soixante mille francs. Charles VII déclare publiquement dans des lettres-patentes de l'année 1442, que le duc d'Orléans avait bien mérité de lui et de son père Charles VI, par les *bons* et *loyaux services* qu'il leur avait rendus; et il reconnaît que c'était pour la défense de leur trône qu'il avait subi vingt-cinq ans de captivité en Angleterre.

En 1444, Charles rendit un nouveau service à son souverain; il conclut en son nom, avec les Anglais, la trève de Tours, et ce fut pour le roi une nouvelle occasion de se montrer libéral envers le duc qu'il aida, par des pensions et de riches présents, à payer sa rançon et celle de son frère le comte d'Angoulême. Ainsi, remarquons-le bien, lors de son retour, au lieu de s'occuper de lui-même, Charles d'Orléans ne songe qu'à la paix du royaume, et il y consacre généreusement tous ses soins. Pas de ressentiments, pas de rancunes contre Charles VII, comme on aurait pu s'y attendre : son noble cœur ne donnait accès qu'aux sentiments de la charité et de l'honneur. L'amour du bien et de la justice fut le mobile de toutes ses actions. Néanmoins, qu'on ne lui demande pas trop souvent de se mêler de politique : il a bien de l'expérience; il sait combien il en coûte quelquefois de s'immiscer dans les affaires des rois :

Il n'est pas bon de trop enquerre
Ne s'empeschier ès faiz des cours ;
S'on m'assault pour avoir secours,
Vers nonchaloir iray grant erre (1),

dit-il. Il marchandera donc un peu ses services ; ne lui
en voulons pas trop : il a tant souffert qu'il a bien droit
de désirer maintenant s'effacer et couler dans le silence,
au milieu de ses études favorites et des douceurs de la
vie domestique, le reste d'une existence si longtemps
traversée par les soucis poignants et les rudes épreuves
d'une destinée malheureuse. Du reste, l'intérêt de son
duché et le désir bien légitime de voir se développer la
grandeur de sa maison absorberont quelques années encore la plus grande partie de ses loisirs.

Il avait sur le duché de Milan et le comté d'Asti des
droits qu'il tenait du chef de sa mère Valentine. Voyant
le duc Philippe-Marie près de s'éteindre, il se prépara à
les faire valoir. A cet effet, et aussi pour l'acquit de son
énorme rançon, il fait observer la plus grande économie
et l'ordre le plus parfait dans l'administration de son
apanage. Tantôt de Blois, tantôt de Coignac, il forge,
comme il dit, ses ordonnances et réunit ses moyens
pour ses affaires d'au-delà des monts. En 1447 le duc
de Milan meurt en effet ; mais, malgré l'assistance du
duc de Bourgogne, malgré l'alliance ménagée entre le

(1) Promptement.

duc Charles et le roi des Romains, un hardi condottière, François Sforce, époux de la fille illégitime des Visconti, s'empara de cette riche succession. Charles resta maître seulement de la ville et du comté d'Asti. Les confiant à la fidélité de son gouverneur, Louis de Montjoie, il s'empressa d'abandonner une entreprise laborieuse et rentra en France en Avril 1449. Le château de Blois lui eut bientôt rouvert ses portes qu'il ne passa plus guère que pour faire dans les environs des promenades agréables, ou de pieux pèlerinages, tantôt à Saint-Solemne, près de Blois, tantôt à Sainte-Catherine-de-Fierbois, près de Tours; car, « depuis sa sortie de prison, il fut toujours de belle vie, et honnête et dévot, si que tous les vendredis de l'an, il donnait à dîner à treize pauvres pour l'honneur de Dieu, et les servait à table lui-même, avant de manger, puis leur lavait les pieds, à l'exemple de Notre-Seigneur [1]. »

Charles d'Orléans, dans la retraite, n'était point oublié du roi de France, et il n'oubliait pas lui-même son souverain ni son pays. La duchesse d'Orléans, Marie de Clèves, partageait les sentiments patriotiques de son époux : en 1449, Guillelme Peel reçut d'elle une somme d'argent pour lui avoir appris, le premier, que Rouen était redevenue française. En 1453, le duc célébra dans ses vers la reprise sur les Anglais de la Guyenne et de la Normandie, et jamais sa muse ne fut mieux inspirée.

[1] Monstrelet, vol. 3, f. 106.

La paix dont la France put jouir alors permit au prince de se livrer entièrement à son goût pour la poésie. Le château de Blois devint avec lui le centre d'une véritable académie : Charles d'Orléans prit plaisir à s'y faire le protecteur libéral et éclairé des lettres et des arts ; tous les gens d'esprit, les poètes, les jongleurs, les ménestrels, les libraires et les enlumineurs, les musiciens, tous les artistes, même les fous et les folles étaient sûrs d'y être les bienvenus et d'y recevoir des encouragements de toute sorte.

Le duc quitta un instant sa retraite en 1458, pour aller prêter à un accusé le secours de sa parole persuasive et bienveillante. Son plaidoyer [1] pour le duc d'Alençon, convaincu du crime de haute trahison, est un curieux monument de l'éloquence judiciaire du xve siècle.

L'orateur débute par un exorde humble et modeste. Jetant d'abord les yeux sur *celui qui conseille*, il déclare qu'il n'est ni *sage*, ni *bon clerc ;* mais il supplie ceux qui l'écoutent *qu'il leur plaise de prendre en gré son bon vouloir, sans prendre garde à son non savoir.* Considérant ensuite *celui à qui il donne conseil*, il reconnaît hautement qu'il parle devant *son seigneur et son maître.* « Je vueil, dit-il, que on congnoisse à ceste présente notable assemblée que, ainsi comme le chien est trouvé aux piez

---

(1) Publié par M. A. Champollion, dans *Louis et Charles, ducs d'Orléans.* — Paris, 1844, *p.* 369.

de son maistre, je demourray toujours loyaument aux
piez de vostre obéissance, prest de faire, en tout ce que je
devray, mon loyal devoir ; » et, comme s'il craignait de
paraître descendre à la flatterie, il relève l'image dont il
s'est servi en reprenant : « Et quand je pense bien que c'est
à dire de ce mot souverain, il fault quelque grant chose,
car vous n'estes qu'ung homme comme moy de char et
d'os, subgiets aux dangiers, périlz, adversitez, maladies et tribulacions de ce monde, comme moy et tous
autres sommes, et dont avez eu et essuyé beaucoup en
vostre jeunesse. » Il développe alors les moyens de sa
cause, en les appuyant, suivant l'usage, sur des textes
de l'Ecriture. Il feint de se rappeler qu'il a lu en un livre
que Dieu avait deux cours, l'une de justice, l'autre de
miséricorde. Raison plaide dans l'une et Pitié dans l'autre. Il reprend le plaidoyer de Pitié : il ne faut pas tuer
un coupable, mais le corriger ; à côté du mal, il faut se
rappeler le bien qu'il a fait. L'orateur sait par lui-même
que la prison est un châtiment plus grand que la mort.
En prison, l'accusé pourra du moins sauver son âme par
le repentir... Le sentiment religieux échauffe le cœur de
l'avocat et en fait sortir des paroles touchantes. Il termine par une péroraison pathétique. Les états rassem-
blés à Vendôme avaient condamné le duc d'Alençon à
mort ; l'éloquence de son beau-père fit commuer cette
peine en celle de prison perpétuelle.

En dehors de cet incident, de très rares voyages vinrent jeter quelque diversité dans les habitudes du prince.

L'amour de l'étude, de la poésie et des livres eut toujours le privilège d'offrir au duc qui vieillissait les plus agréables passe-temps. Son goût pour les livres était même une passion véritable, et rien ne lui coûtait pour la satisfaire. Il réunit ainsi les éléments d'une bibliothèque qui devait bientôt devenir l'une des gloires de son pays. En effet, nous lisons dans l'histoire de l'Académie des Inscriptions et Belles-Lettres, t. V, *p.* 353 : « Il n'y avait alors (au temps du savant Budé) de Bibliothèque royale, que celle de Blois, fondée par Charles d'Orléans, et tellement enrichie par Louis XII, son fils, que sous son règne elle fut regardée comme l'une des choses les plus rares qu'il y eût en France. »

Le cinquième volume de la *Bibliothèque de l'Ecole des Chartes* contient le catalogue des livres dont se composait la bibliothèque de Charles d'Orléans, à Blois, en 1427. Ce catalogue a été dressé par Pierre Sauvaige, sur l'ordre qu'en avait donné le prince dès son entrée en prison. Voici les ouvrages que nous y avons remarqués :

Bible, traduite en français.

Ovide, les Métamorphoses, en français rimé.

Histoire scolastique (ancien et nouveau testament).

Les Institutes de Justinien, en français.

Consolation de Boèce, en français rimé.

Le livre du Prieur de Salon, Honoré Bonnet, fait pour excuser feu Madame d'Orléans et autres des charges à eux imputées sur le fait de la maladie du roi.

Le livre de Thérence, en latin.

Epîtres de St-Paul, glosées, en latin.

Livre des propriétés de toutes choses (recueil de notions sur l'Histoire naturelle, la Médecine, l'Art culinaire).

Fables de plusieurs poètes notables (f. d'Isopet), en latin.

Le commencement de Logique (différents traités traduits en latin, par Boèce, d'après les livres d'Aristote).

Le livre d'Horace.

Le Grand Chaton, intitulé : de Senectute.

Juvénal et Thérence.

Virgile, Stace, Macrobe.

Lettres de Sidoine Appollinaire.

Le livre de *Macommet* (peut-être l'Alcoran, traduit au xiiᵉ siècle, par Pierre le Vénérable).

Histoires du roi Arthus et du Saint-Graal.

Le Grand Valère (Valère Maxime).

Roman de Lancelot.

Josephus (écrit en manière de Chroniques).

Cette collection devait s'accroître beaucoup après le retour du prince dans ses foyers. Il n'oublia point, pendant ses longues années de captivité, le soin de sa bibliothèque ; il profita de son séjour en Angleterre pour rechercher activement et racheter les manuscrits qui avaient appartenu à Charles V et que le duc de Bedford avait vendus et dispersés, pendant qu'il était maître de Paris. Beaucoup de ces manuscrits enrichissent encore aujourd'hui la Bibliothèque-Impériale [1], dont ils constituèrent le fonds primitif au temps de Louis XII. Charles d'Orléans s'est acquis par là un droit à la reconnaissance nationale. Grâce à lui, le château de Blois devint, comme je l'ai dit, un lieu de rendez-vous pour tous ceux qui montraient quelque aptitude pour les lettres et les arts. Le prince conviait tous les talents à venir s'y mesurer dans des luttes pacifiques; mais c'étaient les poètes surtout qu'il se plaisait à y mettre aux prises dans des tournois littéraires.

Quels étaient donc les joûteurs qui se présentaient pour disputer sous les yeux du duc la couronne poétique? C'étaient des rois, des grands seigneurs, de simples gentilshommes et même de pauvres poètes de la plus humble condition. Un des beaux spectacles, en effet, de cette république littéraire, c'est que le talent y nivelait toutes les conditions et y confondait tous les rangs. N'est-il pas glorieux pour le duc d'Orléans d'avoir, le premier, voulu et su par de si ingénieux moyens proclamer publiquement cette espèce de confraternité intellectuelle? C'était devancer de beaucoup son siècle et préluder de bien loin à cette égalité civile, qui devait si longtemps encore rester enveloppée dans les secrets de l'avenir.

En tête des personnages de cette cour littéraire, nom-

(1) Voir *Louis et Charles, ducs d'Orléans*, par M. Champollion, *p.* 388 et suiv.

mons d'abord la duchesse d'Orléans, qui prit quelquefois part, non sans avantage, à cette rivalité poétique,
et composa quelques pièces dignes de figurer à côté de
celles de son mari. Viendront ensuite le roi de Sicile,
René d'Anjou, le duc d'Alençon, gendre du duc d'Orléans, le comte de Maulevrier, Pierre de Brézé, grand
Sénéchal d'Anjou, de Poitou et de Normandie, le comte
de Nevers, le vicomte de Blosseville, qui avait suivi
Charles d'Orléans en Angleterre ; Jean II, duc de Bourbon, ci-devant comte de Clermont, petit-fils de Jean Ier,
duc de Bourbon, qui était mort prisonnier à Londres
en 1433 ; Hugues Le Voys, Pierre Chevalier, Etienne
Le Gout, Montbreton, Vaillant, Guillaume Cadier, Robertet, Guiot et Philippe Pot ; Jean, duc de Lorraine,
fils du roi René, Fraigne et Boulainvilliers ; les auteurs
des *cent ballades d'amour*, dont nous parle l'abbé de la
Rue, dans le troisième volume de son *histoire des Bardes, Jongleurs et Trouvères Normands*, savoir : Jean de
St-Pierre, seigneur d'O, Philippe d'Artois, Boucicaut
et Crésèques, et ceux qui leur répondirent, le duc de
Berry, Jean de Mailly, Lyonnet de Coisinet, La Tré-
mouille, Tignonville, Ivry, Régnaud de Trie, etc. Pour
clore une liste qui deviendrait trop longue, nous n'ajou-
terons plus que Martin Lefranc, Fredet, le plus abondant de tous, et enfin le poète des rues de Paris,
François Villon, qui devait surpasser tous ses rivaux
par l'éclat de sa réputation poétique et transmettre à la
postérité un nom impérissable ; car lui aussi fut admis

à concourir dans la lice poétique ouverte par le prince, et un vers d'une de ses ballades [1] indique même qu'il touchait des gages dans sa maison.

Telle était à peu près la composition de cette académie poétique que dirigeait Charles d'Orléans. Il donnait lui-même les sujets qui devaient être traités par ses amis ou ses serviteurs, et souvent il se mettait au nombre des concurrents. Cette protection libérale accordée à la littérature et aux arts, ce goût pour les plaisirs de l'esprit, ces pratiques de dévotion, ces sentiments de charité et de patriotisme attirèrent au duc d'Orléans l'estime et l'affection de ses concitoyens.

Charles VII mourut en 1461. A l'entrée de Louis XI à Paris, Charles d'Orléans, vieux et en deuil du roi défunt, se contenta de regarder d'une fenêtre le cortége passer [2]; mais il assista à cheval avec la duchesse au service fait à St-Denis pour Charles VII, lors de son inhumation [3]. Cependant, si le duc d'Orléans ne parut point au sacre de Louis XI, il put du moins suivre la cour en Touraine où sa femme, Marie de Clèves, mit au monde, à Chinon, un fils que le roi tint sur les fonts baptismaux. Cet enfant était un futur roi de France à qui l'héritage des vertus paternelles devait faire décerner

(1) Que sçay-je plus? — Quoy? — Les gaiges ravoir.
(*Ballade de Villon.*)
(2) Monstrelet, vol. 3, f. 90.
(3) Id., f. 92.

par la reconnaissance publique le beau nom de *Père du peuple*.

La vie pacifique et retirée du duc d'Orléans semblait devoir le mettre à l'abri de toute défiance de la part du sombre et soupçonneux monarque qui venait de s'asseoir sur le trône de France. Il ne tarda pas néanmoins à ressentir les effets de son humeur inquiète et méchante. Il redouble alors de soins pour se tenir éloigné de toutes les brigues des mécontents, de toutes les menées des grands seigneurs du royaume. Il se renferme plus que jamais dans son château de Blois. Du reste, sa santé s'affaiblit, ses forces diminuent de jour en jour, l'âge l'incline insensiblement vers le tombeau. Il s'occupe plus particulièrement de son salut, il se prépare à bien mourir :

Il soupire en repos l'ennui de sa vieillesse
Dans ce même foyer où sa tendre jeunesse
A vu dans le berceau ses bras emmaillotés.

Son corps est maintenant flétri ; mais son cœur est toujours jeune, humain, généreux. C'est un excès d'humanité qui lui coûtera la vie ; car le dernier acte de cette vie sera un dernier effort pour rétablir l'harmonie dans le royaume.

Il s'était laissé prendre à la feinte douceur de Louis XI ; il se flattait d'avoir vaincu son naturel pervers à force de modestie, de silencieuse abnégation et de loyal dévouement ; il se croyait presque aimé d'un roi qui n'aima jamais personne; il semblait du moins avoir conquis son estime; Louis XI lui-même venait de lui prodiguer publiquement, à l'occasion de son démêlé avec le duc de Bretagne, les témoignages d'une considération extraordinaire. En 1461 enfin, ce roi avait résolu la perte de son implacable ennemi. Les états furent assemblés à Tours pour lui déclarer la guerre. Charles d'Orléans, par amour pour la paix de la France, sortit une dernière fois de sa retraite, pour offrir à son pays le secours d'une voix qui s'éteignait sans doute, mais que les accents du cœur pouvaient inspirer encore. Le vieux poète osa donc se permettre de vanter les douceurs de la paix et d'adresser timidement au monarque quelques sages et respectueuses remontrances; mais le roi les prit en très mauvaise part : il l'accusa hautement d'avoir des intentions criminelles et de prendre la défense des rebelles; il l'accabla des plus violents reproches et des plus sanglants outrages. Le vieillard épouvanté s'enfuit précipitamment de Tours : arrivé à Amboise, il y mourut d'indignation et de douleur, le 4 Janvier 1465, dans sa soixante-quinzième année. Il fut enterré dans l'église St-Sauveur de Blois, près de Valentine, sa mère. En 1505, Louis XII fit transporter ses cendres à Paris. Elles furent déposées à côté de celles de son père, dans la chapelle des Célestins [1], consacrée par le duc Louis pour la sépulture des ducs d'Orléans issus de sa race.

(1) Monstrelet, vol. 3, f. 238—supplément.

Un magnifique mausolée de marbre blanc fut érigé à sa mémoire. Recueilli comme monument des arts, il figura longtemps dans le Musée des Petits-Augustins. Il est aujourd'hui à Versailles.

Charles d'Orléans emporta dans la tombe les regrets de tous ses contemporains. La voix publique s'éleva pour célébrer ses louanges, et le proclama juste, bon, charitable et vertueux entre tous. Un poète de son école, Robertet, a fait son portrait dans le rondeau suivant :

> Ung droit César en libéralité,
> Ung grant Chaton en pure intégrité,
> Ung Fabius en foy non défaillable,
> Vous tient chascun, vray, constant et estable,
> Duc d'Orléans prince très redouté.
>
> En si hault sang parfonde humilité :
> Clémence grant et magnanimité,
> Cela avez; mais vous passez sans fable
> Ung droit César en libéralité.
>
> En vostre bouche tousjours a vérité,
> En cuer amour et ardant charité,
> Et loyauté non jamais variable.
> Qu'affiert-il plus à prince si notable,
> Puisqu'on vous tient, parlant en équité,
> Ung droit César en libéralité.
>
> Ung Robertet indigne à porter plume
> Pour atouchier après voz haulx escriptz
> Ces petitz vers ici vous a escriptz,
> De rude main, plus pesant qu'une enclume.

Le dernier trait n'est sans doute pas le moins vrai de la pièce ; mais si ce rondeau n'est pas un modèle d'élégance, il est du moins l'expression d'une estime sincère et juste.

2e PARTIE.

EXAMEN ANALYTIQUE ET CRITIQUE DES POÉSIES

DE CHARLES D'ORLÉANS.

INTRODUCTION.

On a appelé Charles d'Orléans le dernier des trouvères:
pourquoi pas le dernier des troubadours? Les trouvères
avaient le génie d'invention qui manqua à Charles d'Orléans, et celui-ci possédait l'art des vers que ceux-là

semblent avoir ignoré. Mais c'est faire un dénombrement imparfait que de ne parler que de troubadour et de trouvère : il y a place entre les deux, et place justement pour notre poète. Rappelons-nous que son château de Blois était assis sur les bords de la Loire : il avait jour d'un côté sur le pays des trouvères, de l'autre sur celui des troubadours : Charles d'Orléans adaptera le vocabulaire perfectionné de la langue d'oïl aux sons mélodieux de la lyre provençale, et il aura pour principal ancêtre en poésie celui qui le premier servit comme de trait d'union entre la muse du midi et celle du nord. Il y a entre Thibaut de Champagne et Charles d'Orléans des rapports de plusieurs espèces : tous deux étaient princes, tous deux ils passèrent leur jeunesse au milieu des querelles et de la guerre, tous deux enfin ils brillèrent en tête d'une pléiade d'autres poètes grands seigneurs qui s'inspiraient de leur goût et rivalisaient quelquefois avec eux. On remarque déjà chez Thibaut de la tendresse dans les sentiments, de la délicatesse dans les pensées, de la naïveté dans les expressions et même de l'élégance et de la grâce; ils chantent leur maîtresse l'un comme l'autre; ils prennent à propos et dans les mêmes termes congé d'amour et de sa compagnie et savent également s'en moquer d'une manière enjouée et spirituelle. La langue du roi de Navarre est déjà française et elle a même une pureté remarquable dans un contemporain de St-Louis. Le petit-fils de Charles V surpassera toutes les qualités de son modèle; mais les poésies du comte de

Champagne offrent des traces d'affectation qui ne sont
pas complètement effacées dans Charles d'Orléans ; toutefois, chez lui elles sont rares et d'autant moins sensibles
qu'elles disparaissent dans la multitude des pièces de
poésies qu'il a composées : leur nombre dépasse six
cents !

Un autre maître que l'on donne à Charles d'Orléans,
c'est Guillaume de Lorris : le prince ne lui est pourtant
guère redevable, et encore pour son malheur, que de ce
malencontreux goût pour l'allégorie qui lui a fait tant de
tort. Cependant, l'avouerai-je, le genre allégorique n'a
rien en soi qui me blesse; dans quelle littérature ne
joue-t-il pas son rôle ? Tout le mal vient de l'abus qu'on
en a fait ; mais de quoi ne peut-on pas abuser ? Son défaut, au moyen âge, est d'être devenu un système et d'être
tombé par là dans l'exagération la plus ridicule, dans
le goût le plus faux et le plus insupportable. Les ingé-
nieuses combinaisons et les raffinements alambiqués de
la *géographie galante* du temps de Louis XIII, voilà,
peut-être, ce qui lui a donné le coup de grâce. C'est cette
quintessence du sentiment, ce sont ces subtilités méta-
physiques de l'amour qui nous ont dégoûtés à tout jamais
de l'allégorie et qui nous arment d'une fâcheuse pré-
vention contre tout auteur qui en a revêtu le costume.
Charles d'Orléans en a souffert plus que tout autre, parce
qu'on l'a condamné sans l'entendre. Ce qui me le fait
croire, c'est que je vois ses adversaires et, qui plus est,
ses admirateurs mêmes, mettre au nombre des person-

nages allégoriques qui *remplissent* son livre, *Male-Bou-
che*, *Bel-Espoir* et *Faux-Semblant ;* et pourtant, le
croira-t-on, ces personnages ne se rencontrent pas une
seule fois comme acteurs allégoriques dans les douze
mille vers qu'a composés le prince ! Sachons donc qu'il
n'a fait qu'une seule pièce, assez longue il est vrai, où
la fiction allégorique soit suivie, et qu'encore les principaux personnages en sont peints sous de telles couleurs,
qu'ils vivent et qu'ils nous plaisent par leur vérité et
leur grâce. On n'en a pas moins affirmé que « c'est à
peine si dans tout son recueil il est *deux ou trois fois
infidèle* à ces fantômes allégoriques, à ces dieux de la
poésie d'alors [1]. » C'est une grave erreur : l'allégorie
ne s'y montre pas la moitié du temps, et quand elle
apparaît, ce n'est que pour un moment; on l'a dit, *elle
sourit sans ennuyer*. C'est un point qu'il est bon d'établir dès maintenant, parce qu'il a une importance capitale.

Je rangerais encore volontiers parmi les prédécesseurs
poétiques de Charles d'Orléans un troisième poète dont
on sera surpris peut-être de voir figurer ici le nom.
Jean Gower, en effet, n'a pas laissé une brillante réputation après lui. Cependant, si ses compositions anglaises et latines ne lui ont pas assuré une place d'honneur dans le souvenir de la postérité, ses poésies
françaises, qui ont été trop négligées, lui en mérite-

---

(1) A. Campaux, *François Villon*, Paris, 1859, *p.* 306.

raient une. On a remarqué qu'il y est plus élégant et plus poétique que dans celles qu'il composa dans sa langue natale, et je ne doute pas que Charles d'Orléans, pendant ses vingt-cinq années de captivité en Angleterre, ne les ait lues et n'en ait habilement profité. Je n'en veux pour preuve que la ballade citée par l'abbé de la Rue dans le troisième volume de son *histoire des Bardes, Jongleurs et Trouvères Normands :* rapprochez de cette ballade celle de notre poète qui commence par ce vers :

Je meurs de soif emprès de la fontaine,

vous remarquerez une ressemblance frappante : ce sont les mêmes idées, mises en opposition de la même manière, et je ne serais nullement étonné que la ballade de Gower eût servi de thème à cette *ballade des antithèses*, une de celles que le prince mit au concours et qui fut traitée par onze poètes de son académie littéraire de Blois.

Ainsi le comte Thibaut de Champagne, Guillaume de Lorris et peut-être Jean Gower, tels semblent être les principaux devanciers poétiques de Charles d'Orléans. Joignons à leur influence l'éducation qu'il trouva au sein de sa famille, son aptitude naturelle et le reflet qu'il reçut par sa mère de la poésie italienne, surtout de Pétrarque ; enfin l'esprit de son siècle, et nous connaîtrons tous les éléments de son caractère poétique, toutes les sources de ses qualités et de ses défauts. Charles d'Orléans était né poète, et il fut comme le dernier et le plus

illustre représentant de cette race de grands seigneurs
et de princes pour qui le culte des muses était, pour ainsi
dire , une tradition de famille.

Plusieurs écrivains ont donné des extraits des poésies
du prince ; mais elles n'ont eu jusqu'ici que trois éditions proprement dites. La première, celle de M. Chalvet,
bibliothécaire à Grenoble, date du commencement de
ce siècle : elle est incomplète et fautive. En 1842 il en
fut publié simultanément deux nouvelles ; l'une de
M. J. B. Guichard, l'autre de M. Aimé Champollion-
Figeac. Ce sont deux éditions rivales, nous avions à
choisir entre elles. Nous avons dû nous décider sans hé-
sitation pour la seconde : c'est la mieux ordonnée, la
plus authentique et la plus complète. Il serait trop long
d'exposer tous les motifs de notre préférence ; nous ren-
voyons pour cela au compte-rendu de l'édition Champollion fait par le *Journal des Savants* (Novembre 1842,
p. 703), et à une *Réponse à une critique littéraire* que
l'on trouvera à la fin de cette édition elle-même. La critique est de M. Guichard et elle est contenue dans l'*In-
troduction* de son édition des œuvres du prince. L'édition Champollion nous paraît l'emporter sur sa rivale à
bien des titres ; c'est donc sur elle que nous ferons notre
travail d'analyse et de critique, c'est à elle que nous
renverrons pour toutes les pièces dont la citation gros-
sirait trop le nombre de ces pages.

Le *Journal des Savants* déclare que l'ordre chronologique y a été observé ; M. Champollion dit simplement

que le précieux manuscrit de Grenoble, sur lequel il a
fait son édition pour toutes les poésies qu'il contient, a
conservé l'ordre chronologique dans lequel Charles d'Orléans *dut* les composer *ou du moins les fit ranger*. La
restriction était nécessaire ; car malheureusement cet
ordre chronologique qui eût été si désirable, il est facile
de se convaincre qu'il n'a pas été fidèlement respecté.
Voici, entre beaucoup d'autres, deux exemples à l'appui
de ce que j'avance : la ballade 99, *p.* 186, nous apprend
que le poète avait 45 ans quand il la composa ; elle est
donc de l'année 1434, et antérieure par conséquent de
trois ans à la *Quittance de la départie d'Amour* qui pourtant est jointe à la 80e ballade, *p.* 156, bien que cette
quittance soit de 1437, comme le prouvent ses termes
mêmes. Les ballades 94 et 95, *p.* 181, adressées au duc
de Bourbon, sont aussi inscrites plus de vingt pages
après la *départie d'Amour* de 1437, et n'ont pourtant
pu être composées après 1433, puisque c'est à cette
époque-là que le duc de Bourbon mourut à Londres.
Cela suffit pour prouver que l'ordre chronologique n'a
pas été exactement conservé même dans le manuscrit de
Grenoble, et pour justifier la liberté que nous prendrons
d'y faire des transpositions et des changements, toutes
les fois que nous le croirons nécessaire et que la logique
des faits le commandera.

Une dernière question : quelle est la dame que célèbre
Charles d'Orléans dans le premier âge de ses poésies ?
C'est là une petite énigme littéraire dont on n'a pas en-

core trouvé le mot. MM. Champollion et Guichard n'ont pas manqué de le chercher : c'est Bonne d'Armagnac, dit l'un ; c'est je ne sais quelle dame Beauté, dit l'autre ; ils n'ont réussi qu'à se prouver l'un à l'autre qu'ils se trompaient également. Il y a donc de la témérité à s'aventurer dans ce labyrinthe. Cependant, une étude attentive des poésies du prince ne peut-elle servir de fil d'Ariane ? Dante et Pétrarque avaient mis à la mode une *dame de ses pensées.* Quoi d'étonnant que le poète captif ait chanté aussi sa maîtresse imaginaire ? C'était d'abord un passe-temps agréable pour un prisonnier et un moyen de laisser échapper sous le déguisement d'une passion à la mode, des soupirs, des regrets, des gémissements bien réels, auxquels sa position ne lui permettait pas de donner libre cours : que peut-il désirer avant tout dans sa prison ?

> De veoir France, que son cueur amer doit,

dit-il : n'est-ce pas là sa *jeune, gente, nompareille princesse ?* Nous exposerons nos preuves un peu plus tard ; mais pour faire connaître dès maintenant le résultat auquel ont abouti nos recherches, notre conviction est que Charles d'Orléans n'a en effet chanté qu'un amour *platonique* dont l'objet a été la France, à laquelle, par fiction poétique, il a donné un corps, une âme, un esprit, un langage : voilà la dame de ses pensées, voilà l'inspiratrice de ses chants d'amour, et c'est par là qu'ils offrent tout l'intérêt de l'histoire.

I.

PREMIER AGE

DES POÉSIES DE CHARLES D'ORLÉANS.

Nous distinguerons trois âges dans les poésies de Charles d'Orléans. Le premier se terminera à l'année 1433, c'est-à-dire, à l'époque où les négociations pour la paix seront renouées et où le poète sortira de sa longue léthargie pour reprendre ses ballades et ses chansons. Le second comprendra les vingt années qui s'écouleront depuis la reprise des négociations jusqu'au moment où, retiré définitivement dans son château de Blois, il vivra paisible au sein de sa famille et de sa cour littéraire, avec laquelle il s'abandonnera entièrement à ses goûts favoris. Le troisième âge renfermera ses dernières poésies jusqu'à l'année 1465, époque de sa mort.

Chacune de ces périodes aura son cachet particulier : la première se distinguera par une peinture élégante, mais un peu uniforme des peines et des plaisirs de l'amour, peines bien réelles, mais amour fictif, pendant la durée duquel il sacrifiera surtout à l'esprit de son siècle. La seconde sera caractérisée par son ardent désir de la paix, par son active correspondance avec le duc de Bourgogne, par ses chants patriotiques et aussi par sa *départie d'Amour*, après laquelle il raillera spirituellement ce qu'il avait adoré au temps des illusions. Le style en sera aussi varié que les sujets, et la versification assouplira merveilleusement son rhythme, pour rendre avec la plus grande aisance les formes de procédure les plus rebelles à la poésie. Le trait distinctif de la troisième période sera l'amour de la littérature pour elle-même, les jeux poétiques, l'expression d'une philosophie douce et légèrement satirique, les soins pour la conservation de la paix, les invectives contre les méchants, enfin les plaintes mélancoliques arrachées par les infirmités de la vieillesse.

J'ai déjà dit que les poésies de Charles d'Orléans sont l'histoire de sa vie et qu'en les étudiant nous pourrons pénétrer dans le secret de son cœur et l'intimité de sa pensée : ce sera, toutefois, à la condition que nous examinions ces poésies au point de vue de l'histoire qu'elles renferment, en même temps que de leur mérite littéraire. Telle est, en effet, la tâche que je me propose d'accomplir.

La première pièce du recueil est la première moitié de cette allégorie assez longue, dont nous avons déjà dit un mot : elle a pour objet l'enfance et la jeunesse du prince. Nature le mit en la gouvernance de dame Enfance qui l'éleva tendrement, à l'abri de Soing et de Mérencolie. Plus tard un messager appelé Aage apporta à Enfance, de la part de dame Nature, une lettre qui lui ordonnait de le remettre entre les mains de Jeunesse :

> Ainsi du tout Enfance délaissay,

dit-il : allusion aux soins qui lui furent imposés comme chef de famille, à l'âge de seize ans, de poursuivre la vengeance du meurtre de son père. Jeunesse veut le conduire au palais du dieu d'Amour. Charles, effrayé d'abord, ne se laisse persuader que quand Jeunesse lui a juré qu'aucune contrainte ne serait exercée ni sur sa volonté, ni sur son cœur, et lui a fait entrevoir tous les biens que lui procurerait Plaisance. Il se revêt alors de sa plus belle parure ; car, dit-il avec vérité :

> Car jeunes gens qui désirent honneur,
> Quand véoir vont aucun royal seigneur,
> Ils se doivent mettre de leur puissance
> En bon array (1), car cela les avance,
> Et si les fait estre prisiéz des gens,
> Quant on les voit netz, gracieux et gens.

(1) Toilette.

Il arrive avec Jeunesse au château d'Amour. Le portier
les fait entrer et leur amène Bel-accueil et Plaisance,
gouverneurs du château. A leur aspect le jeune prince
est honteux et déconcerté : il change de couleur, son
cœur tressaille :

> Car jeunes gens perdent tost contenance
> Quant en lieu sont où n'ont point d'acointance.

Remarquons, dès ici, combien ces réflexions sont justes,
combien cette peinture du cœur humain est vraie.

Bel-accueil emmène Jeunesse, et le prince suit Plaisance devant le dieu d'Amour, autour duquel

> . . . . son peuple s'esbatoit
> Dançant, chantant, et maint esbat faisoit.

Le timide initié le prie d'avoir pour lui des ménage-
ments. Le dieu s'abstiendra de toute contrainte; mais il
se fait fort de ne pas le laisser partir sans qu'il soit pris
aux lacs amoureux. Il le fait aussitôt attaquer :

> Venez avant, dist-il, Plaisant-beaulté,
> Aprivoisiez ce compaignon sauvaige.

Quel charme dans le langage, quel naturel dans la conduite de la petite scène où Beauté vient assaillir le
prince :

> Beauté lors vint, de costé moi s'assist,
> Un peu se tut, puis doulcement m'a dit :

« Amy, certes je me donne merveille
Que tu ne veulx pas que l'en te conseille ;
Au fort, saches que tu ne peus choisir :
Il te convient à Amour obéïr. »
Mes yeulx prinrent fort à la regarder.
Quant Beaulté vist que je la regardoye,
Tost par mes yeulx ung dard au cueur m'envoye.

Quant dedans fu, mon cueur vint esveillier,
Et tellement le print à chatoillier,
Que je sentis que trop rioit de joye ;
Il me despleut qu'en ce point le sentoye, etc.

Son dépit éclate en plaintes presque tragiques. Il invoque Détresse pour le tuer, il veut mourir : c'était à la mode. Que fait le dieu en présence de ce grand fracas ? Il rit de sa facile victoire et raille agréablement le prince. Le contraste est charmant :

... Enfant, tu as besoing d'un mire (1) ;
Il semble bien par ta face palie
Que tu souffres très dure maladie ;
Je cuidoye que tu feusses si fort,
Qu'il ne feust rien qui te peust faire tort ;
Et maintenant ainsi soudainement
Tu es vaincu par Beauté seulement !

Il continue sur ce ton dix vers encore ; mais le prince est trop ému pour sentir les traits satiriques qui lui sont décochés. Il s'avoue vaincu entre les mains de Beauté,

(1) Médecin.

Jeune, gente, nompareille princesse.

Celle-ci raconte au dieu la défaite et la soumission du prince, implore pour lui son pardon et expose à son captif les articles du code d'Amour. Le prince prête serment, Bonne-foy rédige la *lettre de retenue* et Loyauté la scelle du sceau d'Amour et la lui délivre en échange de son cœur qu'il laisse en gage entre les mains du dieu.

C'est ainsi, à peu près, que débute le *Roman de la Rose* sous la plume de Guillaume de Lorris.

La copie de la *lettre de retenue* donne déjà une idée de cette facilité d'expression, de cette heureuse parodie des édits royaux et du style du palais qui, dans Charles d'Orléans déjà, rappelle l'allure dégagée qui distinguera dans la poésie légère le roi littéraire du xviiie siècle :

> Dieu Cupido et Vénus la déesse
> Ayant povoir sur mondaine liesse
> Salut de cueur par nostre grant humblesse
> A tous amans, etc. (*p.* 13.)

— Nous extrayons les détails qui vont suivre de la version anglaise des poésies de Charles d'Orléans. Cette version se trouve contenue dans un manuscrit du Musée britannique ; elle contient 147 vers dont l'original manque dans tous les manuscrits français et complète ainsi l'histoire de l'entrée du jeune prince au service du dieu d'Amour. —

Quand il eut cette *lettre de retenue* dans les mains, il

ne put remercier le dieu comme il l'aurait voulu; son esprit était égaré, éperdu; ses sentiments de reconnaissance étaient trop vifs pour qu'aucune expression pût les rendre dignement : qu'il soit puni d'un éternel martyre, s'il manque jamais à ses devoirs envers le dieu; mais, dût-il vivre *mille vies*, jamais il ne sera coupable d'une telle faute. Une chose pourtant l'embarrasse : il a perdu son cœur, où en retrouver un autre ? Amour le rassure : il en trouvera mille, mais à condition qu'il s'acquitte habilement de son service. Il y a trois espèces de cœurs à conquérir : celui de la noble dame, celui de la bourgeoise, celui de la marchande. Ces deux derniers s'achètent par de gros présents; mais il n'en est pas de même du cœur de la noble dame; il n'est le prix que de la galanterie, de la courtoisie et des belles manières. Le prince est gentilhomme, qu'il s'en souvienne, cela lui suffira. Amour a placé son cœur chez une dame de la première classe : qu'il travaille à conquérir celui de cette dame en retour du sien; le dieu l'aidera de son pouvoir. Charles aperçoit au milieu de la cour de *Cupido* celle qui possède son cœur; mais Dangier fait bonne garde autour d'elle. Ne pouvant l'aborder, il prend la résolution de lui écrire secrètement. En attendant que la victoire couronne ses efforts, il vivra avec Espérance.

Telle est l'analyse de la première pièce de Charles d'Orléans; c'est celle qui paraîtra la plus fastidieuse aux ennemis du genre allégorique. L'allégorie s'y développe, en effet, pendant 460 vers, sans compter ceux de la ver-

sion anglaise. Et bien, de bonne foi, la lecture en est-
elle pour cela insoutenable? Il y a des fadeurs, je l'accorde; mais le principal personnage de cette fiction,
Beauté, n'a-t-il pas tout ce qu'il faut pour se faire ac-
cepter et même pour plaire? Je l'avoue, je trouve ce rôle
bien soutenu et assez naturel, et je suis persuadé que si
l'allégorie s'était toujours montrée sous un costume aussi
convenable, elle n'eût pas tant excité de dégoût et de mé-
pris. Et puis le prince n'en est encore qu'à son début, et
il n'est pas le dernier qui ait cru devoir se révéler comme
poète en faisant un sacrifice au goût de son siècle :
témoin Clément Marot, chez qui les personnages allégoriques, Bel-accueil, Beau-parler, Bien-aimer, Bien-
servir, Ferme-amour, etc., sont même beaucoup moins
naturels que dans Charles d'Orléans que nous verrons
d'ailleurs renier de plus en plus l'usage de l'allégorie,
surtout quand, sa dame étant morte, il pourra se débarrasser de ses longues protestations d'amour et user enfin
librement de lui-même.

Un des commandements d'amour jurés par le prince
était *d'aimer bien secrètement*. Il sera fidèle à son serment, et même si fidèle, que ses commentateurs se
mettront l'esprit à la torture pour trouver l'objet chéri
de son amour, sans que peut-être la découverte de cet
objet mystérieux vienne jamais récompenser leurs efforts.

Donc, sitôt qu'il est engagé sous les drapeaux d'A-
mour, il se met à aimer une maîtresse, mais une seule.
Il soupire à ses pieds, la priant de lui donner son cœur

en échange du sien qu'elle a dérobé. On court un danger
mortel à aimer; mais c'est un malheur dont personne
ne sait se garder :

> On le voit souvent advenir
> Aussi bien au foul comme au saige,

dit-il; ainsi la réflexion morale trouve sa place jusque
dans la peinture des langueurs de l'amour : c'est un art
qu'a le poète de nous intéresser, même au milieu de ses
plaintes amoureuses, et de nous engager à le suivre partout où il nous conduira.

La ballade 4 commence par des vers dont seraient
heureux et fiers nos plus charmants poètes, dit M. Sainte-
Beuve :

> Comment se peut un poure cueur deffendre
> Quant deulx beaulx yeulx le viennent assaillir ?
> Le cueur est seul, désarmé, nu et tendre,
> Et les yeulx sont bien armés de plaisir.

Aussi son cœur n'a pu se défendre de Beauté. Il en souffre
maintenant : il veut qu'on lui rende ce cœur, puisqu'on
refuse de guérir la blessure qu'on lui a faite, il lui conseille du moins de ne plus aimer. — Non, répond-il;

> Car j'ay la plus belle choisie,
> Ainsi m'ont raporté mes yeulx.
>
> . . . .
>
> — Cuidez-vous sçavoir, sans doubter,
> Par un regard tant seulement

>Se dis-je, du tout son penser,
>Ou par un doulx accointement?
>— Taisiez-vous, dist-il, vraiement;
>Je ne croiray chose qu'on die;
>Mais la serviray en tous lieux,
>Car de tous biens est enrichie :
>Ainsi m'ont raporté mes yeulx.

Voilà la grâce et la naïveté dont nous retrouverons empreintes presque toutes les pages du poète. On n'a à lui reprocher qu'un peu de monotonie dans ses plaintes; mais il a lui-même le sentiment de cette monotonie qui ne blessait point les habitudes ni l'esprit de son temps : « Il me déplaist d'en tant parler, » nous dit-il; c'est là une sourde protestation contre le goût de son siècle; il faut lui en tenir compte.

Dans son lit il rêve à sa dame, fidèle en cela à cette autre loi qu'il avait jurée *d'aimer jour et nuit sans rien épargner.* Il lui demande quand elle allégera enfin sa souffrance, et cela, d'un ton pressant, impérieux même : on croit qu'il va se fâcher; mais c'étaient menaces d'amant : loin de rompre avec elle, il n'en a jamais été plus enthousiaste; et peut-être partagerez-vous sa faiblesse, quand vous connaîtrez les perfections de celle qu'il aime :

>Fresche beauté très riche de jeunesse,
>Riant regard trait amoureusement, etc. (1).

(1) B. 10, *p.* 24.

DES POÉSIES DE CHARLES D'ORLÉANS.

Point de recherche, point de mignardises dans cette gracieuse peinture, mais une simplicité pleine de passion
cependant. Sa maîtresse est belle à rendre jalouses toutes
les autres femmes : il le sait bien ; aussi, avec ce sentiment d'exquise délicatesse qui est une de ses qualités
caractéristiques, il s'excuse de son mieux ; il leur demande presque pardon d'être l'amant fortuné d'une
beauté si parfaite.

La première chanson de Charles d'Orléans est datée
du mois de Mai. C'est peut-être le premier printemps
qu'il passe en prison. Il est triste ; il dort sans s'éveiller ;
car, dit-il, il n'a point à quoi penser. Comment ! au
mois de Mai, cette éternelle fête des amants, il oublie-
rait sa maîtresse, qu'il vient de préconiser si passionné-
ment ! Elle ne serait donc qu'un mythe ? Ne s'est-il point
joué de nous en nous parlant de sa dame *sans per* ? Toujours est-il que ce nouveau langage est fort compromettant pour lui et que nous n'aurons déjà plus qu'une demi-
confiance dans la réalité de son amour. Il a beau protes-
ter dans la chanson 3, *p.* 26, que, quelque chose qu'il
dise d'Amour et de son pouvoir, il est *bien vrai* qu'il a
choisi la dame la mieux accomplie qu'on puisse voir,

Soit qu'elle dance, chante, ou rie,

nous hocherons la tête en signe d'incrédulité, à moins
que, par un effet de l'art, il ne parvienne à nous faire
illusion de nouveau. Et peut-être y réussira-t-il ; car
on est déjà tout près de se demander si ce n'est qu'un

vain jeu de l'imagination qui a pu faire naître l'émotion que respire la chanson sixième :

> Dieu qu'il la fait bon regarder,
> La gracieuse, bonne et belle !
> Pour les grans biens qui sont en elle
> Chascun est prest de la louer.
>
> . . . .
>
> Par deçà ne de là la mer
> Ne sçay dame ne damoiselle
> Qui soit en tous biens parfais telle :
> C'est un songe que d'y penser !

Il n'y a là qu'un frivole sentiment d'amour ; mais il est
exprimé avec un accent de passion si vrai et dans un
langage si harmonieux, qu'il nous intéresse et nous fait
partager avec le poète l'ivresse de son bonheur. Il n'a
pas le temps d'être fade, parce qu'il sait être court.

L'expression de cet amour se poursuit dans les chansons suivantes. Il demande à son cœur s'il ira par-de-
vers la belle : il souhaite tant de regarder *ses beaulx
doulx yeulx*, dont les envieux le tiennent éloigné, que
sa pensée est tout entière dans la contemplation de son
gent corps gracieux :

> Tous la suient, jeunes et vieulx ;
> Dieu scet qu'elle n'est pas sans presse ;
> Chascun dit : « C'est une déesse
> Qui est descendue des cieulx. »

Il la supplie de ne pas le laisser mourir de douleur, il

lui fait acte de déférence absolue et la prie de le mettre
à l'épreuve. Si elle veut le guérir, qu'elle ne lui oppose
plus de refus :

> Rafreschissez le chastel de mon cueur
> D'aucuns vivres de joieuse plaisance ;
> Car Faulx-dangier avecques son aliance
> L'a assiégié en la tour de douleur, etc. (1).

Si elle savait ce qu'il souffre, il est bien sûr qu'elle aurait pitié de lui. Il n'a d'espoir qu'en elle pour chasser
Déplaisir ; mais il ne lui arrive pas de soulagement,
l'espoir lui-même s'évanouit : il souhaite de nouveau la
mort. Dangier l'a emprisonné loin de sa belle ; cependant
il ne se plaindrait de rien, s'il voulait se hâter de recevoir sa rançon ; il le récompenserait généreusement s'il
était hors de ses mains. En attendant, il supportera tous
les maux qu'il plaira à sa dame de lui faire endurer,
dans l'espérance qu'elle aura un jour pitié de lui.

Tout cela est de l'histoire : l'allusion se trahit d'elle-
même ; Dangier, n'est-ce pas l'ennemi qui le tient en
prison ; cette dame qui n'a besoin que d'un peu de pitié
pour l'en délivrer, n'est-ce pas la France ?

Pour se consoler, il se remet à fredonner ses airs d'a-
mour. Gardez-vous de regarder sa maîtresse si vous ne
voulez pas qu'elle vous enlève votre cœur. Pour lui, il
n'est plus maître du sien, mais il en prend son parti : il

(1) Chanson 14, p. 32.

faut subir les maux que l'on ne peut corriger ; telle est sa maxime, et elle est sage. Il n'est pas pour cela défendu de se plaindre : les soupirs sont le soulagement de la douleur ; il ne se les interdira pas. La joie et la tristesse, la crainte et l'espérance, le courage et l'abattement, telles sont les alternatives par où passera successivement son cœur ; ce sera monotone, mais monotone comme les journées d'un prisonnier ; et puis on ne parcourra pas beaucoup de pièces sans en rencontrer une qui tranche sur les autres si non par plus d'élégance, au moins par quelque chose de plus vif ou de plus original. Telle est la chanson 26ᵉ sur un baiser enlevé à sa maîtresse :

> Dedens mon sein, près de mon cueur
> J'ay mussié un privé baisier
> Que j'ay emblé maugré Dangier,
> Dont il meurt en peine et langueur.
>
> Mais ne me chault (1) de sa douleur,
> Et en deust-il vif enragier,
> Dedens mon sein, etc.

Même idée et même mouvement dans le rondel 6 et la chanson 28, *p.* 42 et 43 :

> Je ne prise point tels baisiers
> Qui sont donnés par contenance...
>
> . . . .
>
> Mais savez-vous lesquels sont chiers ?
> Les privéz, venans par plaisance, etc.

(1) Soucie.

Il enlèverait volontiers un de ces baisers furtifs, et jamais il ne s'en confesserait, ajoute-t-il malicieusement; car il ne le tiendrait pas pour un larcin. Il s'enflamme en y pensant; il en voudrait prendre par douzaines, par centaines, par milliers. Quel plaisir de faire la nique à Dangier !

> Pour Dieu ! ne l'esveilliez pas
> Ce faulx envieux Dangier...
> . . . .
> Faictes tost et parlez bas.

Ces frivolités nous plaisent, parce qu'on y trouve l'expression naïve et le développement naturel de la passion. Tout cela n'est qu'un rêve, mais un rêve qui rend heureux celui qui le fait; aussi cherche-t-il à le prolonger le plus possible. Il feint même que sa dame lui réponde [1]; il feint, dis-je, car malgré l'opinion de M. Guichard, cette réponse rappelle si bien la manière, les idées, le style de Charles d'Orléans, que je n'en puis reconnaître qu'en lui l'auteur. Je ne m'arrêterai pas à réfuter l'argumentation par laquelle M. Guichard prétend établir que dame Beauté est la maîtresse du poète; je trouve que M. Champollion l'a fait suffisamment. La chanson 38, *p.* 49 et la ballade 37, *p.* 85 renferment tout ce que M. Guichard peut alléguer de plus vraisemblable à l'appui de son opinion ; cela ne suffit pas pour la

_____

(1) Chanson 32, *p.* 145.

faire adopter, quand tant d'autres motifs se réunissent pour la combattre.

Il faut du reste en prendre son parti et savoir se résigner à ne pas pénétrer toujours le mystère dont le prince aime à s'envelopper. Pendant ces longues et uniformes journées, que voulez-vous que fasse un prisonnier, surtout quand ce prisonnier est poète et en outre chevalier? Il chante l'amour, tant qu'il est jeune du moins; mais pour cela il lui faut une maîtresse; s'il n'en a pas, son imagination la crée. A-t-il épuisé toutes les expressions qui peuvent peindre sa joie et sa douleur, ses craintes et ses espérances? il recommence, s'il le faut, sur le même ton : les amants aiment les redites. Pardonnez donc à notre jeune captif si, cherchant un divertissement dans la fiction amoureuse, il se répète lui aussi assez souvent. La pensée même la plus mince est souvent si heureusement exprimée, que le mérite de la forme nous fait oublier la frivolité de la pensée. Telle est cette délicieuse chanson que lui inspire un simple rayon de soleil.

> D'ont vient ce soleil de plaisance,
> Qui ainsi m'esbluyst les yeulx?
> Beauté, douceur et encor mieulx
> Y sont à trop grant abondance.
>
> Soudainement luist par semblance
> Comme ung escler venant des cieulx, etc.

Ce *soleil de plaisance* avait, il paraît, permis aux dames de sortir; mais elles portaient des coiffures qui déro-

baient complétement l'aspect de leur visage ; le prince
invective contre une telle mode :

> Levez ces cuevrechiefs plus hault,
> Qui trop cuevrent ces beaulx visages,
> Quant il ne fait hale ne chault ;...

ce qui prouve qu'il n'était point aussi fidèle qu'on le
pourrait croire à sa prétendue princesse française. Dans
la chanson 46 reparaissent les allusions historiques.
Sous le nom de Doulx-penser, il envoie en France un
messager auquel il souhaite de faire bon voyage et de
lui rapporter promptement une heureuse nouvelle :

> Ne vueilliez guères demourer,
> Exploittez comme bon et saige.
>
> . . . .
>
> Les secrez savez du couraige :
> Besongnez à son avantaige
> Et pensez de brief retourner, etc.

Dans la complainte 1, *p.* 56, il proteste de son amour
inébranlable pour sa seule dame et maîtresse ; mais il est
obligé de le cacher cet amour qui ferait parler les envieux et les médisants ; il ne l'en aime pas moins loyalement pour cela ; c'est en elle que gît tout l'espoir de son
bonheur ; sans elle, il ne peut goûter ni plaisir ni liesse.
Ah ! si elle pouvait savoir tout le chagrin, tout le dépit
qu'il éprouve d'être loin d'elle !.. Qu'elle ait au moins
souvenance de lui ; car elle est celle qu'il a servie, qu'il

sert, qu'il servira toujours; il s'est donné tout entier à
elle, de biens, de cœur et de corps. — C'est toujours de
l'histoire; il a beau louer ses *belles*, *blanches*, *doulces*
mains, on sent que cette maîtresse n'est qu'une person-
nification de la France. Il se souvient qu'il l'a vue der-
nièrement et combien a été grande la douleur de la sépa-
ration : il faut se rappeler qu'il obtint plusieurs fois
d'aller en France travailler à la paix, mais sans que ses
efforts réussissent; *les jaloux et les médisants*, c'est-à-
dire, ses ennemis de France et d'Angleterre (Jean Sans-
Peur n'était pas mort) faisaient échouer tous ses projets.
Il reçoit pourtant encore une bonne nouvelle, toujours de
sa prétendue maîtresse; mais il n'ose déjà plus guères
croire aux bonnes nouvelles; c'est ce qui lui fait dire
avec un accent de mélancolie navrante :

> Mais ma bouche fait semblant que je rie,
> Quant maintefoiz je sens mon cueur plourer.

Peut-on exprimer plus heureusement un si touchant
contraste, qui résume en deux vers l'état de l'âme du
poète, tel que l'avait fait le malheur de sa destinée?

Il gémira dans le deuil et la tristesse tant qu'il ne re-
verra pas sa dame; cependant il s'efforcera de paraître
joyeux, car les envieux rient de son infortune : il les
maudit. Remarquez que ses plaintes redoublent peu à
peu d'intensité; c'est que les négociations de paix s'em-
brouillent de plus en plus. Il espère encore cependant,
et il aime toujours sa dame; mais qu'elle le paye de re-

tour, qu'elle s'acquitte envers lui : elle lui a trop opposé
de refus ; s'il l'osait, il lui dirait qu'il a trouvé peu de
pitié en elle ; il a été trompé dans son espérance : quand
il lui jura tant d'amitié, il n'aurait jamais cru trouver
en elle le *rebours* de sa *voulenté*.

Le mois de Mai est pour la troisième fois de retour ;
nous sommes donc en 1418. Le prince a le *cueur vestu
de noir ;* mais malgré tous les maux que lui fait endurer
sa maîtresse, il l'aimera toujours : quelque chose lui dit
qu'il ne peut demeurer éternellement en cet état. Il reprend donc courage et tue le temps à faire des ballades
toujours sur les idées qui le dominent. Elles ne peuvent
avoir beaucoup de variété tant que sa situation reste la
même ; aussi finissent-elles par n'être pas tout-à-fait
exemptes de fadeurs, comme la 21e, *p.* 69, où il dit que
sa dame a son cœur et que c'est miracle qu'il puisse
vivre si longtemps sans lui. Il voudrait pouvoir raconter
de vive voix tout ce qu'il souffre ; dans cette impossibilité, c'est encore pour lui un grand soulagement de le
pouvoir coucher sur parchemin. De là cette effusion de
reconnaissance pour celui qui inventa l'art d'écrire :

> Loué soit celluy qui trouva
> Premier la manière d'écrire, etc.

Mais après un moment de courage, il retombe dans
l'abattement et ses plaintes n'en sont que plus amères.
Il répète à sa dame qu'elle a bien peu souvenance de

lui. Il n'a pourtant *riens forfait ;* il s'est fié à la loyauté
et à l'espérance :

> Mais au besoing ilz m'ont failly
> Et m'ont laissié sans recouvrance
> Dieu scet en quel mauvais party !
>
> Dangier m'a joué de ce trait;
> Mais se je puis avoir puissance,
> Je feray, maugré qu'il en ait,
> Encontre luy une aliance ;
> Et si luy rendray la grevance,
> Le mal, le dueil et le soussy
> Où il m'a mis, jusqu'à oultrance,
> Dieu scet en quel mauvais party ?...

Rien de fade ni de langoureux dans cette plainte, mais
plutôt de l'indignation et une énergique fierté qui convient bien mieux au langage de la politique qu'à celui
de l'amour. C'est qu'en effet ce Dangier contre lequel il
invective n'est peut-être pas celui qu'il feint de désigner.
Deux ballades plus loin (*p.* 73), il le traite de *cruel,
faux, traître, vilain, hideux ;* toutes les fois qu'il éclate
contre lui, nous nous rappelons involontairement le ton
de ce cartel qu'il envoya autrefois au meurtier de son
père et que nous avons rapporté plus haut.

Mais le poète s'est presque trahi par une allusion trop
claire; il semble s'apercevoir qu'il a déchiré un coin du
voile dont il a pris le parti de couvrir ses sentiments
véritables. Aussi compose-t-il bien vite plusieurs ballades plus allégoriques et dont l'amour seul paraît être

l'objet : telles sont la 24ᵉ et la 25ᵉ ; mais c'est une tactique qu'il a déjà souvent employée pour égarer le lecteur. Dès la 26ᵉ, *p.* 74, on ressaisit le fil de l'histoire : il y tient conseil de ses amis et de ses partisans pour savoir comment il pourra *desconfire* ses ennemis :

> Briefment voye le temps venir,
> J'en prie à Dieu de paradis,
> Que chascun puist vers son désir
> Aler, sans avoir saufz-conduis.
> Adonc Amour et ses nourris
> Auront de Dangier moins doubtance ;
> Et lors sentiray mon cueur rire,
> Qui aprésent souvent souspire
> En la prison de Desplaisance.

Ici encore la vérité perce le nuage dont il l'enveloppe. On doit se rappeler qu'il ne pouvait faire aucun mouvement, que ses amis mêmes ne pouvaient lui rien faire passer sans qu'un sauf-conduit eût été préalablement obtenu du roi d'Angleterre. C'était là un des plus grands maux dont le prisonnier eût à souffrir. Si son action avait été plus libre, ses ennemis eussent été moins puissants. Il faudrait fermer les yeux à la lumière pour ne voir là que l'histoire d'une passion amoureuse.

Dans la ballade 27, il se plaint encore, comme toujours ; mais on voit que sa colère est passée : il est dans un de ces moments de calme qui suivent d'ordinaire les grandes crises. L'intérêt de son vers ne laisse pas d'en souffrir, et il faut même, pour être juste, signaler dans la ballade 28, *p.* 76, une de ces traces d'exagération et de mauvais goût que je regrette, quoiqu'elles soient rares, de rencontrer cependant plus d'une fois dans notre poète. Son cœur est embrasé de désir; un incendie s'y est allumé, il l'entend crier piteusement au secours :

Au feu! Au feu! criez tous, mes amis.

Cela est digne de Mascarille, qui, pendant qu'il regarde sa maîtresse sans songer à rien, s'aperçoit que *son œil en tapinois lui dérobe son cœur,* et crie :

Au voleur! Au voleur! Au voleur! Au voleur!

C'est dans la même disposition d'esprit que Charles d'Orléans composa la ballade 29 : on y trouve la *nef de bonne nouvelle,* le *port de désir* et la *mer de fortune.* La 33e ballade est aussi pitoyable. Il faut blâmer de tels passages : ils sont fastidieux. C'est sans doute sous l'impression de leur lecture qu'on a formulé à l'adresse de Charles d'Orléans des reproches mérités sans doute, mais qu'on a eu le tort de généraliser. Il n'est guère d'auteurs dont on ne puisse ternir la réputation en ne les regardant que d'un certain côté; il n'est point de vie sans tache; mais ce n'est pas par une partie qu'il faut juger de l'ensemble : « *Semper enim ex eo, quod maximas partes continet, latissimeque funditur, tota res appellatur* [1]. » Cela est vrai de la poésie comme de tout le reste :

_____

(1) Cic. De finibus bon. et mal. V, 30.

... Ubi plura nitent in carmine, non ego paucis
Offendar maculis...

Dans la complainte 2, nous le voyons redevenir lui-
même et nous rentrons avec elle dans l'histoire. J'en ai
déjà expliqué les allusions [1]. C'est une des pièces qui
prouvent le mieux que la maîtresse du poète ne peut
être que la France et d'où il ressort le plus clairement
que sous le masque de la fiction amoureuse, c'est de sa
vraie situation qu'il parle, de sa vraie prison et de ses
vrais ennemis. Il s'y montre plein de générosité et de
grandeur : sa dame, ou plutôt donc la France le laisse
depuis longtemps gémir sans secours ; et bien, malgré
cela, il ne peut encore se détacher d'elle, et il souhaite
même que Dieu lui accorde autant de biens que son *loyal
cœur en voudrait*. Sa plainte est grave et touchante; elle
aurait dû émouvoir le conseil du roi de France et lui
faire monter le rouge au visage, si ce conseil avait eu
dans l'âme le sentiment de sa pudeur et de son devoir.
Mais celui qui le dirigeait s'était bien gardé de se montrer sur le champ de bataille d'Azincourt, et il se
gardait bien encore de faire sortir de prison celui que
son patriotisme y avait fait jeter. Est-il une situation
plus pénible pour un captif? Loin de cette France que
vous aimez, délaissé de ceux que vous avez le mieux
servis, gémir en prison victime de votre dévouement et

(1) V. ci-dessus, *p.* 34 et suiv.

vous y voir retenu surtout par l'assassin de votre père!
La mort n'est-elle pas préférable à une telle condition,
et faut-il s'étonner s'il l'invoque plus d'une fois?

Cette complainte 2 est donc inspirée par une souffrance bien réelle; aussi voyez comme l'expression en
est naturelle et éloquente:

> Toutefois vous avez bien sceu
> Qu'à vous s'estoit du tout donné,
> Quelque doleur qu'il ait receu :
> Et vous l'avez abandonné!

Ce dernier trait va jusqu'à l'âme et ce n'est pas le
seul. On peut croire que cette touchante exclamation fut
entendue. La ballade 38 nous apprend que *la plus très
belle qui soit* l'aime loyalement et ferait volontiers pour
lui tout ce qu'elle pourrait; alors il soupire de joie et
il oublie sa douleur. Il ne faut, en effet, qu'un souvenir
de sa belle maîtresse, pour qu'un doux espoir ranime
son pauvre cœur. Hélas! la reverra-t-il jamais? Espoir
le lui promet; mais les jours suivent les jours sans que
ses promesses se réalisent, et chaque semaine se passe
dans une vaine attente.

> Doy-je toujours ainsi languir
> Hélas! et n'est-ce pas assez?

se demande-t-il tristement. Il a *beau loisir de balader*;
tous les *autres déduis* (plaisirs) lui *sont cassez*. Sa mélancolie croît de jour en jour. Il y a quatre ans et demi

qu'il est en prison; car il célèbre pour la quatrième fois le mois de Mai.

Cependant il se fatigue de se plaindre. Pour le bonheur des hommes la sensibilité s'émousse peu à peu; les plus violents regrets s'évanouissent par suite de la longue absence de l'objet sur lequel ils se concentraient : ainsi s'aperçoit-on que le prisonnier est moins fidèle à ses plaintes; il passe une partie de son temps à jouer aux dames et aux échecs; il redevient sensible aux charmes de la nature :

> Alons au boys le may cueillir
> Pour la coustume maintenir ;
> Nous oïrons des oyséaulx le glay (1),
> Dont ilz font les boys retentir
> Ce premier jour du moys de may (2)...

Mais son passe-temps le plus ordinaire est de mettre ses souhaits en vers. Le premier de ces souhaits, c'est de voir sa maîtresse; quand il aura ce bonheur, la joie lui fera perdre contenance, le plaisir fera expirer la parole sur ses lèvres... Mais Espoir se moque-t-il de lui ?

> Car trop ennuye qui attent.

La tristesse le gagne de nouveau, sans doute parce que le mois de Mai se passe mal et ne le laisse plus aller au

(1) Ramage.
(2) B. 49, *p.* 102.

bois : il est troublé par le vent et la pluie, comme son cœur par la peine et le tourment. Cette conformité lui plaît par suite d'une vérité morale qu'il exprime ainsi :

> Car meschans en leur pensement
> Recouvrent grant alégement
> Quant en leurs maulx ont compaignie.

Il regrette néanmoins cet ancien beau mois de Mai qui, dit-il,

> Estre souloit tout aultrement
> Ou temps qu'ay congneu en ma vie.

La manière dont il nous en parle nous en rend amoureux comme lui :

> Las ! j'ay veu may joyeux et gay
> Et si plaisant à toute gent,
> Que raconter au long ne sçay
> Le plaisir et esbatement
> Qu'avoit en son commandement.

Son amour ne l'absorbe plus si absolument qu'il n'en parle déjà d'un ton beaucoup plus dégagé. Jusqu'à présent il n'était pas allé au delà d'un peu d'amertume dans ses plaintes contre sa belle ; maintenant il en vient jusqu'au reproche d'oubli, jusqu'au soupçon d'infidélité, jusqu'à la menace de vengeance [1]. Il la conjure de garder la foi qu'elle lui a jurée :

(1) B. 55, *p.* 108.

> Car vous congnoissez clérement
> Que par vostre commandement
> Ay despendu (1) de ma jeunesse.
>
> . . . .
>
> Plus ne vous convient esclarsir
> La chose que vous ay comptée, etc.

Le sens de tout ce passage ne doit pas encore nous échapper : c'est la France qui lui avait commandé d'aller combattre pour elle à Azincourt ; c'est donc pour elle qu'il dépense en prison sa jeunesse ; c'est parce qu'elle l'a mis en oubli que depuis *maintes années* il passe sa vie dans la douleur. Il ne lui convient pas d'être plus clair, on doit le comprendre.

Le poète qui vient d'avoir un doute grave sur la fidélité de sa dame, qui l'a accusée de l'oublier, qui l'a menacée de vengeance, apprend tout-à-coup qu'elle est malade : si elle ne guérit pas, il veut lui-même mourir. Qu'est-ce à dire ? Cette maladie nous doit-elle faire revenir sur l'opinion que nous nous sommes formée que cette dame n'est pas une mortelle ? Dans l'édition que nous suivons, on lit, il est vrai, en tête de cette ballade 56, p. 110 : *Sur la maladie de la duchesse d'Orléans ;* deux autres ballades auront même pour titre : *Sur la guérison* — *Sur la mort de la duchesse d'Orléans ;* mais les manuscrits ne portent point ces titres ; ils sont de l'invention de l'éditeur qui a eu tort, je le crois du moins, de

_____

(1) Dépensé.

penser que la maîtresse de Charles d'Orléans était sa seconde femme, Bonne d'Armagnac. Non ; je ne puis voir dans cette maladie, sur laquelle je ne trouve aucun renseignement dans l'histoire, qu'une nouvelle feinte par laquelle le poète représente le danger où il est de se voir à jamais privé de son pays. Il désire plus que jamais mourir et ce désir pouvait bien être sérieux. — *Saint Gabriel ! Bonne nouvelle !* s'écrie-t-il subitement dans la ballade suivante : sa dame est guérie ; l'espoir lui revient, il sèche ses larmes [1].

Sa dame est guérie, c'est-à-dire que jusqu'à présent il ne perd pas encore l'espérance de voir la paix conclue et d'être rendu à sa patrie : il pourra ainsi revoir sa maîtresse. Sept chansons encore dans lesquelles il proteste dans le langage le plus harmonieux et le plus tendre qu'il l'aime, qu'il lui est plus dévoué que jamais, que chaque jour de la semaine il la voit en songe, en souhait et en pensée, qu'elle est sa seule joie, son seul amour, son seul désir, que l'espoir seul allége sa détresse et soutient sa vie, que son souvenir est sa seule consolation, qu'il voudrait pouvoir lui dire de bouche qu'elle est *sa belle, nompareille, sans per, son reconfort,*

(1) La ballade (*p.* 112) *Au duc de Bourbon*, n'est évidemment pas à sa place ; car le duc se rendit en France en 1417, et nous sommes en 1419. Cette pièce du reste laisse assez voir elle-même que la dame à laquelle le prisonnier prie le duc de Bourbon de le recommander ne peut être que la France.

son doulx-penser [1], et nous arrivons à ce rondel 11ᵉ [2], qui nous apprend qu'on a *failli à son besoin*, que sa confiance a été abusée, qu'on l'a mis en oubli sans miséricorde et sans pitié. Alors il pleure abondamment, le désespoir lui arrache des cris, il se frappe la poitrine du poing : c'est que, hélas ! sa dame est bien morte, cette fois, et quatre ballades sont consacrées à déplorer cette grande perte qui est datée du 1ᵉʳ Janvier de l'année 1420 [3], si la supputation des mois de Mai qu'il célèbre ne nous trompe pas.

Cette mort de la prétendue maîtresse du prince n'est, à mon sens, que la rupture définitive des négociations de paix, rupture qui ajournait indéfiniment la délivrance du captif et jetait un abîme entre lui et sa patrie. Aussi remarque-t-on que ses regrets sont froidement ex-

(1) Quelle mélancolie dans ses plaintes !
    Laissiez-moy penser à mon aise :
    Hélas ! donnez m'en le loisir.
    Je devise avecques plaisir
    Combien que ma bouche se taise.
    . . . .
    Car afin que mon cueur rapaise
    J'appelle Plaisant-souvenir,
    Que tantost me vient resjouïr.
    Pour ce, pour Dieu ! ne vous desplaise :
    Laissiez-moy penser à mon aise.
(2) V. ci-dessus, *p.* 38.
(3) Bonne d'Armagnac était morte au mois de Novembre, 1415.

primés, surtout dans cette ballade où il feint d'avoir
perdu sa dame dans une partie d'échecs avec Faulx-
dangier et déclare qu'il est *mat*, s'il ne fait une dame
nouvelle. Un véritable amant se serait-il permis de
pleurer sa véritable maîtresse dans un pareil jeu d'esprit ? Non ; mais ce n'était pas dans une élégie qu'il
pouvait peindre alors l'état de son âme ; ce n'était pas la
tristesse qui le dominait en ce moment, c'était plutôt la
colère. Cependant il ne voulut pas briser sa lyre : c'eût
été se donner un démenti ; mais sa passion épuisée ne
permettait plus d'accents naturels à ses regrets : son
cœur protestait endurci par l'ingratitude de celle qui
était morte pour lui, mais vivante pour d'autres. Il désire que Dieu ait son âme : voilà tout ce qu'il lui souhaite.
Non pourtant, reprend-il :

> Non pourtant : pour tousjours garder
> La coustume que j'ay usée,
> Et pour à toutes gens monstrer
> Que pas n'ay madame oubliée,
> De messes je l'ay estrennée ;
> Car ce me seroit trop de blasme
> De l'oublier ceste journée :
> Je pry à Dieu qu'il en ait l'âme (1).

Ainsi c'est pour être fidèle à une coutume, c'est simplement pour la montre qu'il parle encore de sa dame, qu'il
l'étrenne de messes, car il aurait honte de l'oublier dès

(1) B. 61, *p.* 119.

le premier jour ! Avouez du moins qu'il l'eût fait volontiers. Voilà une révélation faite bien à point pour donner le coup de grâce à ce prétendu amour de Charles d'Orléans pour une princesse française. Ne dessillera-t-elle pas les yeux des plus incrédules ? Si non, je l'avoue, il ne faut plus désormais avoir l'espoir de les convaincre.

Tout ce que cette mort inspire de plus touchant au poète, c'est cette réflexion philosophique bien conforme à sa situation, que le monde n'est que vanité :

> Ou vieil temps grant renom couroit
> De Criséis, d'Yseud et Elaine,
> Et maintes autres qu'on nommoit
> Parfaictes en beaulté haultaine.
> Mais au derrain (1) en son domaine
> La mort les prist piteusement ;
> Par quoy puis véoir clérement,
> Ce monde n'est que chose vaine.

Telle est l'idée que le disciple de Charles d'Orléans, Villon, reprit en sous-ordre, et dont il sut tirer, il faut le dire, un bien plus heureux parti que son maître.

J'ai dit que le couplet qui précède est tout ce que la prétendue mort de sa dame avait inspiré de plus touchant à notre poète : il composa cependant, à cette occasion, une autre ballade dont je parlerai d'autant plus volontiers qu'elle peut servir de terme de comparaison entre Charles d'Orléans et François Villon.

(1) Enfin.

Les deux poètes s'adressent à la Mort dans les mêmes circonstances. Voici comment s'exprime Villon :

> Mort, j'appelle de ta rigueur,
> Qui m'as ma maistresse ravie,
> Et n'es pas encore assouvie
> Se tu ne me tiens en langueur.
> Depuis n'euz force ne vigueur ;
> Mais que te nuysoit-elle en vie,
>   Mort ?
>
> Deux estions et n'avions qu'ung cueur ;
> S'il est mort, force est que dévie,
> Voire, ou que je vive sans vie,
> Comme les images, par cueur,
>   Mort !

« Quel effet saisissant, s'écrie M. Campaux, que celui de cette apostrophe à la Mort, qui se dresse, on l'a dit, comme un spectre à la fin de chaque strophe de ce rondeau ! Et que de douleur dans ce dernier éclat d'un amour fini ! Villon *seul*, à cette époque, était capable dans l'expression de la passion, de ce *naturel qui vous prend aux entrailles*, et de cette *admirable précision*. »

Charles d'Orléans avait dit le premier :

> Las ! Mort, qui t'a fait si hardie
> De prendre la noble princesse
> Qui estoit mon confort, ma vie,
> Mon bien, mon plaisir, ma richesse !
> Puisque tu as prins ma maistresse,
> Prens moy aussi, son serviteur ;
> Car j'ayme mieux prouchainement

Mourir, que languir en tourment,
En paine, soussy et douleur.

Las ! de tous biens estoit garnie
Et en droitte fleur de jeunesse :
Je prye à Dieu qu'il te maudie,
Faulse Mort, pleine de rudesse !
Se prise l'eusses en vieillesse,
Ce ne fust pas si grant rigueur ;
Mais prise l'as hastivement
Et m'as laissié piteusement
En paine, soussy et douleur.

Las ! je suy seul, sans compaignie :
Adieu, ma dame, ma lyesse !
Or est nostre amour départie !...

Le défenseur de Villon trouve moins d'énergie dans l'apostrophe de Charles d'Orléans. — Peut-être. — Mais moins de naturel et de passion ? — Ce n'est pas notre avis. Dans la première strophe, Villon se pâme, son style aussi. La seconde commence par un beau vers ; mais elle tombe après lui dans la subtilité et la pointe :

Desinit in piscem mulier formosa superne.

Ce spectre enfin, qui se dresse au bout de chaque stance, vient là sans doute pour faire de l'effet ; mais la machine qui l'amène joue si mal, surtout la seconde fois, que l'effet est manqué. Charles d'Orléans ne se travaille point tant pour en produire, et peut-être n'en produit-il que davantage. Que d'amour dans le premier couplet ! Que de douleur au commencement du troisième ! A vrai dire, je ne prise beaucoup ni l'une ni l'autre de ces deux pièces ; mais, à les comparer, je ne vois pas en quoi Villon l'emporte, soit pour le naturel, soit même pour l'énergie ; et, si je considère la versification et la langue, la supériorité de Charles d'Orléans me paraît incontestable.

Le premier Mai (1420?) est de retour. Ce premier Mai donc, le prince se trouvant en une compagnie de *gracieuseté guarnie,* où il avait été ordonné que pour chasser la tristesse on tirerait au sort pour savoir laquelle, de la Feuille ou de la Fleur, on porterait comme symbole toute l'année, la Feuille lui tombe en partage : c'était justice, dit-il, car la Fleur, pour lui, était morte dans sa dame ; mais, ajoute-t-il mélancoliquement :

> Il n'est feuille ne fleur qui dure
> Que pour un temps...

Voilà le philosophe pour qui l'âge des illusions commence à passer. En effet, cette teinte de philosophie rêveuse colorera désormais de plus en plus ses poésies, lesquelles ne feront qu'y gagner en intérêt.

Bientôt il s'égare dans la fôret d'*Ennuyeuse-tristesse.* Il y rencontre la déesse d'Amour qui l'avait mis autrefois dans la voie du plaisir ; il lui explique sa détresse par la mort de sa dame :

> Aveugle suy, ne sçay où aler doye ;
> De mon baston, affinque je forvoye,
> Je vais tastant mon chemin çà et là.

Nous ne pouvons nous arrêter à relever tout ce qu'il y a
d'allusions dans ce défilé de ballades qui nous passent
sous les yeux ; mais ici encore il est facile de voir que
cette forêt dans laquelle il est égaré n'est qu'une peinture
de la situation qui lui est faite et d'où il ne sait comment sortir. — Longtemps il a servi Amour ; mais :

> Tout est rompu, c'est à reffaire ;

nouvelle allusion que l'on interprétera aisément. Par
bonheur Nonchaloir l'a guéri du mal d'amour. C'est
tout ce qu'il pouvait souhaiter de mieux et ce qui était
d'ailleurs inévitable. Cependant le jour de St-Valentin
(14 Février) ramène encore dans son âme un nuage de
tristesse : il ne peut, comme les oiseaux qu'il entend
saluer de leurs cris joyeux le lever du soleil en *parlant
leur latin*, se choisir *un per*, une douce compagne [1] :
il mouille de larmes son coussin sur *le dur lit d'en-
nuyeuse pensée*. Ce jour de St-Valentin nous indique qu'il
y a déjà quatorze mois que sa dame est morte : c'est
alors seulement qu'il songe à faire ses obsèques. La ballade où il les célèbre est fade et alambiquée ; mais on
lit dans l'*envoi* :

> De riens ne servent plours ne plains :
> Tous mourrons ou tard ou briefment :
> Nul ne peut garder longuement
> Le trésor de tous biens mondains.

[1] La coutume était, dans les différentes cours de l'Eu-
rope, que, le jour St-Valentin, chaque cavalier tirât au
sort une dame qu'il devait servir toute l'année.

Ce passage est digne d'Horace :

> Eheu ! fugaces, Postume, Postume,
> Labuntur anni. . . . . . .
> Linquenda tellus, et domus, et placens
> Uxor. . . .

Nous retrouvons là un homme, un frère qui pense comme nous, comme ont pensé nos pères, et qui nous exprime naturellement une de ces vérités éternelles cent fois répétées, mais que nous ne nous fatiguerons jamais d'entendre, parce qu'une telle pensée remue quelque chose en nous, parce qu'une telle pensée, c'est nous-mêmes.

Sa dame est morte, il meurt à l'amour et fait son testament : il donne son esprit au dieu d'Amour, pour qu'il le place dans son paradis; il laisse ses biens d'amour aux vrais amants et il se fait enterrer dans la chapelle de Loyauté.

Ici se clôt l'histoire de ce long amour allégorique : je n'en suis point fâché, ni le poète non plus, à ce que je crois : « n'en parlons plus, » avait-il dit de sa dame en célébrant ses obsèques; c'est qu'il avait hâte d'en finir avec cette fiction qui n'avait plus d'objet et qui lui pesait : la preuve en est qu'il restera, en effet, douze ans sans parler d'amour, et que, quand il en reparlera, ce sera pour s'en railler, ou pour s'en servir, en homme désintéressé, comme d'un thème poétique à la mode.

II.

*

SECOND AGE

DES POÉSIES DE CHARLES D'ORLÉANS.

———

Le premier âge des poésies de Charles d'Orléans est celui où l'allégorie joue le plus grand rôle, celui par conséquent qui donne le plus de prise à la critique. Je me suis attaché à reproduire toutes les idées du poète; je serais heureux d'avoir réussi à montrer que cette première époque elle-même n'est pas dénuée d'intérêt, si l'on veut bien reconnaître que sous le masque d'une passion amoureuse se cache l'histoire d'un prince illustre et généreux dont les intérêts ont été abandonnés et sacrifiés par une cour à la reconnaissance de laquelle il avait plus de droits que personne. Sa position ne lui permettait pas d'exhaler ouvertement ses plaintes ; mais il pouvait, à titre d'amoureux, peindre à sa dame imaginaire tous les sentiments qui agitaient son cœur : c'est ce qu'il fit et ce qu'il ne cessa de faire que quand sa dernière espérance se fut évanouie.

Il se tait maintenant : vaincu par l'excès du mal, il repose dans une sorte d'indifférence et de torpeur ; et quand après douze ans d'un sommeil léthargique il se réveillera enfin, il sera tout changé ; il n'aura plus le même son de voix ni la même physionomie. Respectons son infortune, et, aussi discrets que lui, n'allons pas d'une main profane remuer ce long silence pour chercher à en découvrir les mystères. Il nous apprendra, dans une charmante ballade placée 45 ou 50 pages trop loin dans le livre [1], que ce long silence ne fut point pour lui une agonie. On l'avait cru mort ; ses amis pleuraient, ses ennemis se réjouissaient :

> Si fais à toutes gens sçavoir
> Qu'encore est vive la souris,

(1) B. 91, *p.* 179. Cette ballade est vraisemblablement de 1433. On y voit qu'il n'est plus jeune, mais qu'il n'est pas encore vieux ; précisément en 1433 il était âgé de 42 ans. Ce qui contribue à me faire croire que cette ballade est bien de cette année, au plus tard, c'est qu'elle est suivie dans le recueil de deux autres ballades adressées au duc de Bourbon et qui ne peuvent être postérieures à cette époque, puisque c'est cette année-là que le duc mourut.

dit-il. Il avait vécu sain et fort en attendant que la paix trop longuement endormie se réveillât pour apporter la joie à tous :

De plourer vueil garder mon hoir,

ajoute-t-il, avec finesse;

Nul ne porte pour moy le noir :
On vent meillieur marchié drap gris;
Or tiengne chascun, pour tout voir (1),
Qu'encore est vive la souris.

Saluons donc avec joie sa renaissance au monde et à la poésie; félicitons-nous de voir revivre en lui le goût des plaisirs, le sentiment de la nature, le souvenir de la patrie; car tel sera désormais le fonds de ses idées. Il sacrifiera bien encore à l'amour, mais en philosophe incrédule et même satirique, en homme qui veut se conformer aux usages de son temps et qui, par badinage, puise à une source d'inspiration commune à tous les poètes ses contemporains.

Mais que s'était-il passé sur le continent pour arracher enfin le poète à son silence obstiné? Jeanne d'Arc venait de prédire que les portes de sa prison s'ouvriraient prochainement, et une gracieuse princesse voulait réaliser la prédiction de l'héroïne. Et le poète de se réveiller, comme s'il avait fait un mauvais rêve. Malheu-

(1) Vrai.

réusement il trouve les cordes de sa lyre détendues et son langage tout *enroillié de nonchaloir* :

> Balades, chançons et complaintes
> Sont pour moy mises en oubly ;
> Car ennuy et pensées maintes
> M'ont tenu long-temps endormy, etc. (1).

On ne peut douter que le poète ne se soit réellement tu pendant de longues années. Nous l'avions laissé à l'âge de trente ans (1421 ?) ; nous le retrouvons en plein âge mûr. En effet, ce regard qu'il jette sur un passé déjà éloigné, ce vers surtout d'une si remarquable précision ;

> J'ay esté ; or n'est plus ainsy,

tout cela n'est-il pas d'un homme qui a passé la quarantaine ? On ne saurait le nier, ces couplets doivent être de 1433 ; leur numéro d'ordre dans l'édition est une erreur manifeste ; car d'après la place qu'ils y occupent, ils seraient même bien postérieurs à l'époque que nous leur assignons ; mais comme depuis cette époque le poète ne cessa pas de produire et qu'ainsi le langage de ces couplets n'aurait pas de sens, on n'y peut voir que l'expression de la première pensée du prince arraché à sa longue oisiveté. Ils servent ainsi de préambule au second âge de ses poésies, lequel s'ouvre en 1433 par la ballade 74, *p.* 130.

(1) B. 85, *p.* 162.

Cette ballade nous apprend qu'il a trouvé une autre dame et qu'il l'aimera jusqu'à la mort. La duchesse de Bourgogne s'était révélée comme sa libératrice : voilà sa dame nouvelle, et comment ne l'aimerait-il pas ?

> Mon cueur dormant en nonchaloir,
> Réveilliez-vous joyeusement !
> Je vous fais nouvelles sçavoir
> Qui vous doient plaire grandement :
> Il est vray que présentement
> Une dame très honnorée
> En toute bonne renommée
> Désire de vous acheter,
> Dont je suy joyeux et d'accort, etc.

D'accord ? avait-il besoin de nous le dire ? — Joyeux ? Oh ! oui ; sa joie éclate jusque dans son langage :

> Le voulez-vous
> Que vostre soye ?
> Rendu m'ottroie
> Pris ou recours.

> Un mot pour tous,
> Bas, qu'on ne l'oye :
> Le voulez-vous
> Que vostre soye ?

> Maugré jalous
> Foy vous tendroye (1) :

(1) Tiendrais.

>   Or çà, ma joye,
>   Accordons-nous :
>   Le voulez-vous ?

Dans son enthousiasme il va jusqu'à dire à sa nouvelle dame que, si elle le souffre, il lui prendra volontiers un ou deux baisers, malgré Dangier. Cela lui était permis, il n'y avait point de nom propre. D'ailleurs ce nouvel amour du poète est pure plaisanterie; la preuve, c'est que le prince est inflammable à toutes les belles :

>   Crevez-moy les yeulx
>   Que ne voye goutte,
>   Car trop je redoubte
>   Beaulté en tous lieux, etc. (1).

C'est le même ton de gaieté vive qui règne dans le *jeu parti* suivant (*p.* 134) d'Orléans contre Garencières. Comparez la réponse de celui-ci à l'attaque du premier, et vous verrez quelle supériorité le prince conserve sur les autres poètes de sa cour.

Quand il chante le retour du printemps et les charmes de la nature, il semble emprunter à Horace son imagination, sa grâce et son pinceau :

>   En acquittant nostre temps vers jeunesse
>   Le nouvel an et la saison jolie,
>   Plains de plaisir et de toute liesse,
>   Qui chascun d'eulx chièrement nous en prie,

(1) Rondel 13, *p.* 133.

Venues sommes en ceste mommerie ,
Belles , bonnes , plaisans et gracieuses
Prestz de dancer et faire chière lie
Pour resveillier vos pensées joyeuses.

Or bannissez de vous toute peresse ,
Ennuy, soussy avec mérencolie.

. . . .

Avril et May amainent doulce vie ,... etc.

Voulez-vous voir l'hiver de plus près , avec ses sombres
nuages , ses neiges , ses rigueurs, enfin dans sa réalité
triste et nue ? Jetez les yeux sur ce tableau, qui le présente en contraste avec le printemps :

Yver fait champs et arbres vieulx ,
Leur barbe de neige blanchir ;
Il est si froid , ord (1) et pluvieux ,
Qu'emprès le feu convient croupir. |
On ne puet hors des huis yssir ,
Comme un oiseil qui est en mue ;
Mais vous faictes tout rasjeunir
A vostre joyeuse venüe , etc. (2).

Ne croit-on pas entendre l'ami de Mécène dans son ode
à Sextius ?

Solvitur acris hiems grata vice veris et Favoni.

. . . .

(1) Sale.
(2) B. 76, *p.* 136.

Ac neque jam stabulis gaudet pecus, aut arator igni,
Nec prata canis albicant pruinis.
Jam Cytherea choros ducit Venus, imminente luna,
Junctæque nymphis gratiæ decentes
Alterno terram quatiunt pede. . . .

Voici encore, toujours inspirés par l'aspect de la nature, deux rondels que je ne puis relire sans un sentiment de plaisir qui va presque jusqu'à l'admiration.
Jamais poëte a-t-il trouvé des couleurs plus variées, plus
fraîches, plus naturelles, pour peindre ces images riantes
du printemps, des oiseaux et des fleurs?

Le temps a laissié son manteau
De vent, de froidure et de pluye,
Et s'est vestu de broderye
De soleil raiant, cler et beau.

Il n'y a beste ne oiseau
Qui en son jargon ne chante ou crye;
Le temps a laissié, etc.

Rivière, fontaine et ruisseau
Portent en livrée jolye
Gouttes d'argent, d'orfaverie;
Chascun s'abille, de nouveau :
Le temps a laissié son manteau.

En regardant ces belles fleurs
Que le temps nouveau d'amours prie,
Chascune d'elle s'ajolie
Et farde de plaisans couleurs.

Quant (1) embosmées sont d'odeurs
Qu'il n'est cueur qui ne rajeunie
En regardant, etc.

Les oyseaux deviennent danceurs
Dessus mainte branche fleurie,
Et font joyeuse chanterie
De contres, de chants et teneurs
En regardant ces belles fleurs.

Et c'est un poète du xvᵉ siècle qui a écrit ces jolis vers!
Qui est-ce qui l'a surpassé depuis dans cette expression du
sentiment de la nature, dans cette gracieuse description
de la beauté champêtre? Ce sont là des sujets cent fois
rebattus et vieux comme le monde; mais la fraîcheur du
style leur donne un air de nouveauté qui plaît et qui
plaira toujours : ce sont des fleurs poétiques dont les couleurs bravent les années.

Le poète se détourne quelque temps de ces aimables
peintures pour revenir à l'amour dont il n'a pas encore
reçu son congé. On s'aperçoit qu'il sera bon de le lui délivrer bientôt; car il n'en est plus qu'un serviteur indis-
cret et compromettant. Il tance son regard qui *trotte* par
voies à gauche et à droite, comme s'il voulait assaillir
tous les cœurs. Quand il passe dans les rues, il baisse les
yeux, n'osant les lever vers les fenêtres; car il en part
des traits dont il serait plutôt blessé *que de trait d'arc ou*

(1) Tant.

d'arbalestre. Ce serait dangereux ; car *un infidèle amant est perdu de réputation : c'est justice ;* et puis :

> Cueur endormy en pensée,
> En transes moitié veillant,
> L'on luy va riens demandant,
> Il respond à la volée.
> . . . .
> Tout met en galimafrée :
> Lombars, Anglois, Alemant,
> François, Picart et Normand...

Pour lui, il veut échapper à ce ridicule. Arrive le jour St-Valentin : il se demande s'il demeurera sans *per* [1] ? Nonchaloir lui conseille de se rendormir et il se rendort. Après avoir été poursuivant d'amour, il n'en est plus que héraut : il montera sur l'estrade pour juger des passes d'armes de la lice amoureuse, et Dieu sait s'il criera fort, s'il voit des amants *faisant les lourds ;* car il sait par cœur le *droit cours d'aimer.* N'est-il pas bien récompensé de ses longs services ! Le roi de Sicile se plaint à lui et croit que son mal surpasse tout autre :

> Chascune vieille son dueil plaint,

lui répond son ami ; il sent bien lui aussi où son pourpoint le blesse. Un soir enfin [2], fatigué du travail du jour précédent, il se couche en même temps que le so-

(1) Compagne, ou compagnon.
(2) Songe-complainte, *p.* 144.

leil. Lui apparaît en songe un vieillard qu'il ne reconnaît
pas d'abord ; cependant il se souvient de l'avoir vu autrefois ; mais il a mis son nom en oubli. Il en est *marry*,
et, par honte, il n'ose lui parler. Le vieillard décline
son nom : c'était Aage, qui l'avait remis autrefois aux
mains de dame Jeunesse. Il vient lui annoncer maintenant que Raison se plaint de Jeunesse et de lui. Dame
Vieillesse lui déclare qu'il est temps de renoncer à Folie,
s'il veut sortir avec honneur de la compagnie du dieu
d'Amour : tout le monde se moque d'un vieillard amoureux :

> Et tout ainsi qu'assez est avenant
> A jeunes gens en l'amoureuse voye
> De temps passer ; c'est aussy mal séant
> Quant en amour un vieil homme folloye (1).

> Chascun s'en rit disant : Dieu ! quelle joye !
> Ce foul vieillart veut devenir enfant.
> Jeunes et vieulx du doy le vont monstrant ;
> Mocquerie en tous lieux le convoye.

On reconnaît encore ici la sage philosophie d'Horace :

> Lusisti satis, edisti satis atque bibisti :
> Tempus abire tibi est, ne potum largius æquo
> Rideat, et pulset lasciva decentius ætas.

C'est aussi le développement de l'idée d'Ovide :

> Turpe senilis amor.

(1) *Folloyer*, quel joli mot ! s'écrie M. Sainte-Beuve.

Qu'il renonce donc sagement à l'amour avant que l'impuissance ne l'y force ; qu'il se bouche les oreilles à toutes les belles raisons que ne manquera pas de lui débiter Fortune :

Je ne cognois plus faulse sous la lune !

lui dit le vieillard avisé. A ce moment le poète tressaille et se réveille,

Tremblant ainsi que sur l'arbre la feuille.

Il obéit à de si sages conseils, d'autant plus qu'il à assez combattu pour connaître bien le métier et savoir qu'on en tire peu de profit. Il trouve que l'heure du repos a sonné pour lui : il tiendra dorénavant

Ses yeulx cligniés et son oreille close,

pour interdire tout accès aux attraits de l'amour. Il avait cru autrefois qu'il n'y avait de biens qu'en lui :

Mais en ce temps ne cognoissoye pas
La grant doleur qu'il convient que soustiengne
Ung poure cueur pris ès amoureux las.
Depuis l'ay sceu : bien sçay à quoy m'en tiengne.
J'ay grant cause que tousjours m'en souviengne !

Il ira donc, dès la première assemblée que tiendra le dieu d'Amour, lui adresser sa requête et lui demander honnêtement son congé, laissant tous les exploits amoureux aux jeunes gens qui sont dans leur verdeur. Suit cette requête, en vers mêlés dont la souplesse fait voir que le poète n'est nullement arrêté par les plus grandes difficultés de son art[1].

Il fait après cela l'histoire de sa *départie d'Amour*, qui sera un sujet de plagiat pour des rimeurs à venir. Le dieu, en lisant la dite requête au prochain parlement qu'il tint, opposa au solliciteur des fins de non-recevoir. Il voulait qu'il renonçât à son projet et qu'il se fît une dame nouvelle :

> Monstrez-vous homme, non pas beste,

lui dit-il; mais le requérant est sourd aux remontrances; il ne veut plus aimer, sa résolution en est prise. Sa dame étant morte,

> Il veult désormais ressembler
> A la loyalle turturelle,
> Qui seule se tient à part elle
> Après qu'elle a perdu son per.

Le dieu vaincu s'exécute : il lui accorde sa requête et lui rend son cœur par quittance écrite

> L'an mil quatre cens trente sept,
> Ou chastel de Plaisant-recept.

Quand il eut son cœur et sa quittance, il fut content. *Et*

(1) Page 150.

non pourtant, dit-il ; l'idée de son départ *lui faisait trop de mal;* ses larmes ne cessaient de couler; il ne pouvait proférer une parole, ni même une *demie;* force lui fut de se retirer sans mot dire et de demander un guide pour diriger ses pas :

> Car je ne m'en sçavoye aler :
> J'avoye la vue esblouye
> Et ne cessoye de pleurer.

Le poëte de Venouse ne fut point si touchant quand il fit ses adieux à l'amour :

> Vixi choreis nuper idoneus,
> Et militavi non sine gloria ;
>   Nunc arma defunctumque bello
>   Barbiton hic paries habebit,
> Lævum marinæ qui Veneris latus
> Custodit, etc. (1).

La Fontaine seul a été aussi pathétique : Ah ! s'écrie-t-il à la fin de son admirable fable des deux pigeons :

> Ah ! si mon cœur osait encor se renflammer !
> Ne sentirai-je plus de charmes qui m'arrête ?
>   Ai-je passé le temps d'aimer ?

Voilà une exclamation éloquente s'il en fut; mais si le fabuliste conserve l'avantage sur le poëte royal, c'est

(1) Odes, l. III, 20.

grâce seulement à la précision de son style; car le sentiment de mélancolie qui les a inspirés était le même : l'un développe dans un drame ce qui échappe à l'autre dans un soupir : voilà la différence. —

Confort prit donc le prince par la main et précéda ses pas vers le lieu où il voulait aller. En chemin, celui-ci dit à son guide :

> Jusqu'à demain
> Ne me laissiez, car je pourroye
> Me forvoier, pour tout certain,
> Par desplaisir, vers la Saussoye,
> Où est vieillesse, rabat-joye.

Ce passage semble faire une plaisante allusion aux *chevaux réformés* du service de la cour, dont les rois de France avaient doté l'abbaye de la Saussoye, près Villejuif [1].

L'amant *réformé* arrive ainsi au manoir de Nonchaloir, où il reposera avec Passe-temps toute sa vie. Le lendemain il renvoie Confort chargé d'une lettre où il dit au dieu d'Amour qu'il sera très désireux de recevoir de ses nouvelles, que, pour lui, il est joyeux de cœur, car il n'a plus de souci. La pensée de la vieillesse future ne l'assombrit qu'un moment. Il s'excuse de n'avoir pu lui adresser une parole en prenant congé de lui; il le re-

[1] Voir, sur ce point, une note de M. Champollion, *p.* 432 de son édit. des œuvres du prince.

mercie des biens qu'il en a reçus et lui souhaite prospérité et longue vie, 3 Novembre 1437.

Telle est, en 552 vers, la contre-partie de cette fiction
allégorique qui a été analysée au début et dans laquelle,
trente et un ans auparavant, il s'était engagé sous les drapeaux d'Amour. Quelle impression conserve l'esprit de
cette lecture ? L'allégorie y est-elle fade et languissante ?
L'action n'est-elle pas bien conduite ? Le drame n'a-t-il
pas son moment pathétique? Et surtout la sage philosophie qui caractérise ce songe et cette *départie d'Amour*,
n'offre-t-elle pas, au milieu de maints traits d'esprit,
une aimable en même temps que très utile leçon de morale? C'en est assez, sans doute, pour la défense du poète,
et, n'eût-il composé que ce poème de 1012 vers, son nom
mériterait déjà de conserver une place honorable dans
le souvenir de la postérité, grâce à ce cachet qu'il a su
donner à l'allégorie et qui fait que chez lui elle n'ennuie
pas.

Le voilà maintenant dégagé de son serment et libre de
lui-même; il usera de sa liberté pour parler tout à son
aise, et d'abord il se moquera des amoureux ; c'était le
plus pressé, on le devine depuis longtemps :

> Quand je voy en doleur prïs
> Les amoureux, je m'en ris;
> Car je tiens pour grant folie
> L'amoureuse maladie (1).

(1) B. 86, *p*. 164.

Il n'épargnera pas même les dames : il les connaît si bien qu'il peut jouer au fin avec elles ; aussi comme il persiffle spirituellement toutes leurs ruses.

> Dames qui cuidez tout sçavoir,
> Mais vostre sens tourne en folie,
> Et cuidez les gens décevoir
> Par vostre cautelle jolie !
> Qui croiroit vostre chière lie (1)
> Tantost seroit pris en voz las :
> Encore ne m'avez-vous mie,
> Encore ne m'avez-vous pas.

Voilà le satirique malicieux que nous aurons le plaisir de rencontrer souvent désormais. Nonchaloir l'a guéri, et bien guéri, du mal d'amour. Le temps est froid, son cœur aussi. Il est du nombre des amoureux *fourrés;* et que les jeunes gens ne se moquent pas : ils feront un jour comme lui, on peut l'en croire sur parole. Il a perdu bien du temps à espérer, refusant souvent des conseils qui pouvaient lui être fort utiles ; il s'en repent ; mais une réflexion le console :

> Las ! ne suis le premier de France
> Qui sottement s'est abusé
> En la promesse d'espérance.

C'est pour s'être trop fait l'esclave de son cœur que cela

_____

(1) Visage attrayant.

lui est arrivé : à son tour d'être le maître. L'expérience
l'a rendu sage : il parle par maximes :

> Les faiz de ce monde sont tieulx (1) :
> Qui bien fera, bien trouvera ;
> Chascun son paiement aura.
>
> . . . .
>
> J'ayme qui m'ayme, aultrement, non ;

et non pourtant, reprend-il ; mais il voudrait que tout se
passât *à l'ordonnance de raison.* Prenez exemple sur lui,
jeunes assotéz amoureux, et retenez-le bien : au bout de
la carrière, deuil et souci : alors que vous importera de
vivre ou de mourir ? Telles sont les réflexions qu'il passe
le temps à mettre en vers, en attendant que la paix soit
conclue ; car depuis plusieurs années on s'en occupe toujours : le duc et la duchesse de Bourgogne y travaillent
avec dévouement, et le prisonnier n'y prend pas moins de
souci qu'eux. C'est l'espoir, bien fondé cette fois, de sa
prochaine délivrance, qui lui donne ce ton de gaieté
aimable que nous lui voyons depuis 1433. Il y a pourtant
cinq ans que les affaires tardent encore à s'arranger ; mais
on peut prévoir l'heureuse issue des négociations, qui
n'est plus qu'une question de temps. C'est ce qu'il nous
fait entendre dans cette remarquable ballade, où, sur
le bord de la mer, l'œil tourné vers la France, il envoie
vers son pays ces mélancoliques soupirs :

(1) Tels.

En regardant vers le païs de France,
Ung jour m'avint, à Dovre, sur la mer,
Qu'il me souvint de la doulce plaisance
Que souloye (1) ou dit païs trouver.
Si commençay de cueur à souspirer,
Combien certes que grant bien me faisoit
De veoir France, que mon cueur amer doit.

. . . .

Alors chargeay en la nef d'Espérance
Tous mes souhaitz, en les priant d'aler
Oultre la mer, sans faire demourance,
Et à France de me recommander...

Il vante la paix qui doit le mettre au comble de ses
vœux :

Paix est trésor qu'on ne peut trop louer.
Je hé guerre; point ne la doy priser;
Destourbé m'a long-temps, soit tort ou droit,
De veoir France, que mon cueur amer doit.

La paix ne l'inspira pas toujours si bien. Sa *Complainte
de France* (*p.* 172) semblerait attester même que Charles
d'Orléans n'était point fait pour emboucher la trom-
pette héroïque, si sa *Ballade sur la Paix* ne nous prou-
vait, un peu plus loin, qu'il savait cependant atteindre à
l'éloquence des grands sujets. Ce qui lui fait défaut dans
sa complainte de France, ce sont moins les expressions
que les idées. Nous avons vu ci-dessus (2) que ces idées
étaient celles de tous ses contemporains. Charles d'Or-

(1) J'avais coutume.
(2) Première partie, I, *p.* 25 et suiv.

léans a voulu expliquer à la France ses malheurs, en re-
montant à leurs sources. C'était une noble tentative que
d'essayer, au temps où il vivait, de porter la philosophie dans l'histoire, mais une tentative au-dessus de
ses forces et de l'esprit de son siècle ; au lieu d'une ha-
rangue, il n'a fait qu'un sermon ; sachons-lui du moins
gré de son effort : il était de bon exemple, et, si la fin
répondait au début, nous n'aurions même pas le droit
de nous plaindre.

> France, jadis on te souloit nommer
> En tout païs le trésor de noblesse ;
> Car un chascun pouvoit en toy trouver
> Bonté, honneur, loyauté, gentillesse,
> Clergie, sens, courtoisie, proesse.
> Tous estrangiers aymoient te suïr (1) ;
> Et maintenant voy, dont j'ay desplaisance,
> Qu'il te convient maint grief mal soustenir
> Très crestien, franc royaume de France.

Il lui apprend alors que c'est son orgueil, sa *gloutonie*,
sa paresse, sa convoitise, son injustice et sa luxure qui
lui ont attiré la colère du ciel. Qu'elle ne se désespère
pas pourtant : le Tout-puissant est miséricordieux ; qu'elle
implore sa grâce, qu'elle s'humilie, qu'elle n'oublie pas
que Dieu lui envoya la fleur de lis et l'oriflamme pour
triompher de ses ennemis ; *qu'un coulomb plain de sim-
plesse* lui apporta l'onction dont elle sacre ses rois ;

(1) Suivre.

qu'elle possède plus que nul autre pays des corps de saints et des reliques; qu'elle est le bras droit de Rome et qu'elle siége à la droite des papes; que pour cela elle doit fort pleurer et gémir. Là, il lui rappelle quel rôle elle a joué dans le monde chrétien :

> Quelz champions souloit en toy trouver
> Crestienté, já ne fault que l'expresse :
> Charlemaine, Roland et Olivier
> En sont tesmoings, etc.

Qu'elle s'amende donc, qu'elle reprenne le chemin de bien vivre et fasse dire des messes en mémoire de ceux qui sont morts à son service : Dieu lui tend les bras, tout prêt à oublier ses péchés. Le poète termine par une invocation à Dieu pour la paix. Cette pièce aura du moins l'utilité d'un document historique propre à nous montrer combien le sentiment religieux était prédominant au xve siècle, et combien, au sein de la société laïque, il y avait encore de naïveté dans les esprits et de timidité dans les idées.

La *Ballade sur la Paix* me semble pourtant singulièrement belle, quoiqu'elle soit du genre élevé; mais le cœur autant que l'intelligence en est cette fois la source, et l'éloquence en découle en beaux vers :

> Priez pour paix, doulce Vierge Marie,
> Royne des cieulx et du monde maistresse.
>
> . . . .
>
> Priez pour paix, le vray trésor de joye (1).

(1) B. 90, p. 176.

Cette ballade, qui serait à citer tout entière, offre un tableau vivant des maux de la France, un appel simple et touchant au ciel et à la terre, aux princes, aux prélats, à la noblesse, au peuple, à toutes les classes de la société enfin, pour les convier à des prières universelles pour la paix, cette source de toute abondance, ce *vrai trésor de joie*. Personne ne la pouvait désirer plus que lui, personne n'y devait trouver plus de jouissance; aussi ne cessera-t-il de l'appeler de tous ses vœux, jusqu'au jour où elle sera enfin signée, et en célèbrera-t-il après les bienfaits toute sa vie.

Il ne faut pas s'attendre à retrouver ici les ballades qu'il échangea à ce sujet avec le duc de Bourgogne, depuis 1435 jusqu'à 1440, et dont il a été parlé précédemment [1].

La dernière qu'il dut composer avant de sortir de prison est celle où, après avoir jeté un regard sur sa vie passée, il explique avec un plaisant optimisme que vingt-cinq ans de captivité lui étaient nécessaires pour l'amender, comme ces fruits d'hiver que l'on met sur la paille pour les amollir :

> Je fu en fleur ou temps passé d'enfance
> Et puis après devins fruit en jeunesse ;
> Lors m'abaty de l'arbre de plaisance
> Vert et non meur Folie, ma maistresse ;
> Et pour cela Raison, qui tout redresse

(1) Première partie, II.

A son plaisir, sans tort et mesprison,
M'a à bon droit, par sa très grant sagesse,
Mis pour meurir ou feurre (1) de prison.

. . . .

J'en suis content et tiens que sans doubtance
C'est pour le mieulx, combien que (2) par peresse
Deviens flétry et tire vers vieillesse.
Assez estaint est en moy le tison
De sot désir. . . . .

Et il ajoute :

Dieu nous doint (3) paix, car c'est ma désirance.

C'est là qu'il en revient toujours, comme Caton à son *delenda Carthago.*

On ne trouve pas d'autres ballades au contenu desquelles on puisse reconnaître qu'elles aient été faites en prison. Peut-être le poète ne composa-t-il rien en 1439 et 1440. Les conférences de Gravelines, auxquelles il assista, son mariage avec Marie de Clèves, les fêtes qui furent célébrées à cette occasion, son voyage triomphal à travers la France jusqu'à Paris, jusqu'à Blois même, les premiers soins du retour au foyer domestique, etc., ne durent guère lui laisser de temps à consacrer à la poésie. Aucune ballade en effet ne lui est inspirée par le fait de sa délivrance, aucune n'est destinée à peindre la

(1) Paille.
(2) D'autant que.
(3) Donne.

(. joie de sa rentrée au pays de ses pères. Je ne sais quelle timidité ou quelle discrétion le retenait et enchaînait sa muse en présence de tous les grands évènements dont on s'attendrait à voir la mémoire consacrée dans ses vers. On comprend bien que sa situation de captif au milieu de ses ennemis, qui le surveillaient de si près, ne lui ait pas permis de pleurer comme il l'aurait voulu le désastre d'Azincourt, ni de célébrer suivant son cœur la gloire de l'héroïque jeune fille de Vaucouleurs, la libératrice de la France et la mortelle ennemie des Anglais; mais une sorte de pudeur l'empêcha de chanter même la joie de sa restitution au sol natal : peut-être aurait-il craint d'en profaner l'expression. Il sut célébrer ses malheurs sur tous les tons, et les trop longues années qu'ils durèrent semblent ne lui avoir laissé d'accents naturels que ceux du gémissement et de la plainte. Il est même à remarquer que la mélancolie s'était tellement emparée de son âme que la joie ne viendra que par exception s'épanouir sur son visage. Il vient de nous dire déjà qu'il était flétri : sa jeunesse, en effet, ne fut arrachée aux tempêtes civiles que pour aller s'étioler en prison comme une fleur qui y manquait d'air et de soleil; quand il en sortit, la vieillesse le disputait déjà à l'âge mûr, et ses infirmités ne devaient pas tarder à comprimer son sourire et à corrompre toutes ses joies. On sent à son langage qu'il regrette le temps perdu; il fait de fréquents retours sur le passé, comme un voyageur qui revient dans des lieux qu'il a parcourus trop à la hâte; on dirait qu'il cherche, quoique tardivement, à faire revivre pour lui les charmes du jeune âge, au moins par imagination et par souvenir. Il n'oublie pas néanmoins qu'il n'est plus jeune, et s'il aime tant à s'adresser à ceux qui le sont encore, il profite du plaisir qu'il a de converser avec eux, pour leur donner des leçons de morale, non pas en mentor sombre et inexorable, mais comme un sage dont la mélancolique tristesse est tempérée par une aimable indulgence. La ballade 102, *p.* 189, est propre à donner une idée de ces sentiments divers de notre poète : on y trouve et le souvenir de la jeunesse, et la réflexion morale, et le ton agréable d'un homme qui avoue qu'il devient vieux et qui sait nous parler plaisamment même de ses lunettes. Cette ballade fut-elle faite en prison? C'est ce qu'on ne saurait affirmer; il est cependant plus probable qu'il la composa après sa délivrance; car elle ne contient aucune allusion à l'espoir de la paix.

La première pièce qu'on puisse rapporter avec certitude à l'ère de sa liberté est la ballade 104, *p.* 191. Les premiers vers de cette ballade sont une preuve irrécusable qu'elle a été faite en France :

> En tirant d'Orléans à Blois
> L'autre jour par eau je venoye, etc.

En descendant ainsi la Loire il rencontre plusieurs navires qui, ayant vent arrière, glissaient rapidement sur la surface des ondes en sens contraire du sien; il prend de là l'occasion de se plaindre : que Dieu n'envoie-t-il aussi au vaisseau de sa fortune

> A plaisir et à gré le vent !

Mais les eaux où il mouille sont si calmes que, si l'espoir ne le soutenait, il demeurerait en chemin et mourrait d'ennui. Cette ballade est-elle, comme le croit l'éditeur, de l'année de son retour? Il est difficile de l'admettre, au ton qui y règne : comment! ce serait l'année de sa délivrance et de son nouveau mariage qu'il aurait tenu un pareil langage! Cela choque toute vraisemblance, d'autant plus que voici une chanson autrement gracieuse, toute à l'honneur de la nouvelle duchesse d'Orléans et qui donne un démenti formel aux sentiments exprimés dans la précédente ballade :

> Chascun dit qu'estes bonne et belle,
> Mais mon yeul juge n'en sera ;
> Car lignage m'aveuglera
> Qui maintiendra vostre querelle (1).
> . . . .
> A nostre assemblée nouvelle
> Verray ce qu'il m'en semblera,
> Et s'ainsi est, bien me plaira.
> Or prenons que vous soyez telle :
> Chascun dit qu'estes bonne et belle.

Maintenant se présente un cas embarrassant, et nous

(1) Parti.

nous trouvons complètement désorientés. Ne s'est-il point perdu de poésies de Charles d'Orléans? Je ne sais; mais à en croire le manuscrit de Grenoble, il nous faut une seconde fois sauter par-dessus douze années de la vie du prince; car nous touchons à la dernière pièce de ce manuscrit, le plus authentique de tous, et elle est de l'an 1453, puisqu'elle célèbre un évènement politique qui n'arriva qu'à cette époque, la reprise sur les Anglais de la Guienne et de la Normandie. Faut-il croire que le poète soit resté un si long espace de temps sans rien produire? Dans cette dernière hypothèse, il aurait dû nous dire, comme autrefois, que son langage était encore *enroillié de nonchaloir*, et il ne le dit pas. Rien ne fait allusion à ce nouveau silence; ainsi l'on peut présumer avec raison qu'une partie des 400 pièces qui nous restent à étudier se rapporte vraisemblablement à l'époque qui s'écoula de 1440 à 1453. Quoi qu'il en soit, nous ne chercherons point, ce qui du reste ne serait pas possible, à séparer des autres celles qui peuvent être antérieures à cette année 1453. Le caractère commun de toutes ces pièces permet de les ranger sans inconvénient dans le troisième et dernier âge des poésies du prince.

Cette dernière ballade [1] du manuscrit de Grenoble est peut-être le morceau le plus élevé qui soit sorti de la plume de notre poète. C'est un hymne en l'honneur de la France, c'est un chant de triomphe qui prouve victo-

---

(1) B. 105, *p.* 194.

rieusement, quoi qu'on en ait dit, que la fibre patriotique vibrait avec force dans le cœur du duc d'Orléans,
et que personne ne fut plus sensible que lui à la gloire
de sa patrie et aux succès de la couronne; et si, à une
époque de funeste mémoire, l'injustice de sa destinée le
contraignit à abandonner en apparence la cause du roi
Charles VII, ce moment de faiblesse lui sera pardonné
en faveur de l'ode magnifique qu'il dédia au triomphe
de ses armes :

Comment voy-je ses Anglois esbahis?
Resjoys-toi, franc royaume de France !
On apperçoit que de Dieu sont haïs
Puisqu'ilz n'ont plus couraige ni puissance.
Bien pensoient, par leur oultrecuidance
Toy surmonter et tenir en servaige,
Et ont tenu à tort ton héritaige;
Mais à présent Dieu pour toy se combat
Et se monstre du tout de ta partie;
Leur grant orgueil entièrement abat
Et t'a rendu Guienne et Normandie !

. . . .

N'ont pas Anglois souvent leurs roys trahis :
Certes ouyl, tous en ont congnoissance;
Et encore le roy de leur païs
Est maintenant en doubteuse balance.
D'en parler mal chascun Anglois s'avance;
Assez monstrent par leur mauvais langaige
Que voulentiers lui feroient oultraige.
Qui sera roy entr'eulx est grant débat :
Pour ce, France, que veulx-tu que te die,

De sa verge Dieu les pugnist et bat
Et t'a rendu Guienne et Normandie !

Roy des François, gangné as l'avantaige :
Parfaiz ton jeu comme vaillant et saige.
Maintenant l'as plus belle qu'au rabat :
De ton bon eur, France, Dieu remercie.,
Fortune en bien avecques toy s'embat
Et t'a rendu Guienne et Normandie !

On a fait sonner bien haut le patriotisme de Villon au détriment de celui du prince : où donc sont les preuves de ce patriotisme ? Villon a consacré deux vers à la mémoire de Jeanne d'Arc, et il a composé une *ballade de l'honneur français*. Charles d'Orléans ne s'est pas contenté, lui, de célébrer l'honneur français beaucoup plus dignement que son rival ; il a encore servi son pays de ses conseils et de son bras ; et tandis que Villon et ses compères forçaient le roi de France à doubler le nombre des gens du guet pour garantir les honnêtes gens de leurs déprédations et de leurs débauches, Charles d'Orléans travaillait à les rendre inutiles, en tenant école ouverte de politesse et de bonnes mœurs. Et qu'est-ce, après tout, que cette ballade de Villon sur l'honneur français ? Ne dirait-on pas qu'il s'en soit servi comme d'un cadre commode pour y étaler cette pédantesque érudition qu'il tenait en droite ligne du Roman de la Rose, tel que l'avait fait Jean de Meung ? Jason, Nabuchodonosor, Hélène et les Troyens, Tantale, Job, Dédale, le

Grand Turc, la Madeleine, Narcisse, Absalon, Judas, Simon le Magicien, Saint-Victor, Jonas, Phébus, Junon, Vénus, Sardanapale, Dieu, Eole et Glaucus, voilà l'incroyable mélange qui remplit cette fameuse ballade. Le refrain en est beau,

> Qui mal vouldroit au royaume de France;

mais quel fatras que le reste [1] ! Comparez cela avec la ballade de Charles d'Orléans que nous venons de citer : qu'en sont devenus le style, le goût, la dignité, la noblesse? Combien la ballade de Villon renferme-t-elle d'idées? — Une seule. Etait-ce la peine de rimer trente cinq vers bizarres sur des souvenirs d'histoire sacrée et profane, pour dire qu'il souhaitait le plus grand mal à l'ennemi de la France?

(1) V. François Villon, par A. Campaux, *p.* 67.

III.

DES POÉSIES DE CHARLES D'ORLÉANS.

———

Le portrait qu'Horace a tracé du vieillard répond en grande partie à l'idée que l'on doit se former maintenant de la physionomie de notre auteur. Il ne sera pourtant ni avare, ni glacé; mais les infirmités de la vieillesse ne lui laissaient, il paraît, que fort peu de répit; car le plus souvent nous l'entendrons se plaindre des misères du grand âge, et quelquefois même avec plus d'amertume qu'il ne se plaignait autrefois des rigueurs de sa dame. Souvent aussi il s'en prendra à la malignité de la Fortune, dont il se trouvera plus maltraité que d'autres.

10

Cette dernière période des poésies de Charles d'Orléans est aussi mystérieuse que la première : il y fait plusieurs allusions à un mal dont il souffre et qu'il ne découvrira jamais. Cette souffrance est vive, assez vive pour lui inspirer parfois l'indifférence de toutes choses et même le dégoût de la vie. Plusieurs symptômes, néanmoins, semblent encore trahir sa pensée. On a déjà remarqué et l'on remarquera de plus en plus qu'il voit avec dépit son corps se flétrir. L'amour donc ne lui sied plus : il le sait bien ; mais ses yeux protestent ; aussi est-il obligé de les tancer pour l'indiscrétion avec laquelle ils envoient au cœur toutes sortes d'images qui le chatouillent : en un mot, son cœur est toujours jeune, aimant et sensible ; mais son corps est brisé. Ne serait-ce point là le secret de ces plaintes et de cette tristesse que ne viennent distraire que rarement la chasse, la pêche et les plaisirs de la table ?

Disons pourtant que le prince ne fuit point ses semblables comme un misanthrope : il ne se plaint que de lui-même et à lui-même ; quoiqu'il fasse souvent la critique de la société, il la recherche néanmoins et s'y égaie ; il sait y prendre un air souriant et aimable, sauf à soupirer à l'écart. Il moralise devant les jeunes gens, mais avec naïveté et bonhomie : quelquefois c'est un observateur malicieux et satirique, mais toujours spirituel et plaisant. A côté du philosophe railleur et du vieillard mélancolique apparaît souvent le sage conseiller, le citoyen dévoué, l'ami de la raison, le guide de la jeu-

nesse. Cicéron fait dire à Caton l'Ancien que si la vieillesse diminue les forces du corps, il ne s'est jamais aperçu
qu'elle altérât celles de l'esprit. Si la débauche n'a
point usé leur corps pendant la jeunesse, les vieillards
conservent sur le déclin de l'âge assez d'énergie pour
servir l'état de leurs conseils et surtout pour éclairer et
guider les jeunes gens. « Comme j'estime un jeune homme
qui a quelque chose du vieillard, dit-il, j'estime aussi
un vieillard qui a quelque chose du jeune homme. » Ces
paroles expriment assez bien ce qui nous restait à dire
pour compléter cet aperçu de la dernière période de la
vie du prince, dans lequel on reconnaît plusieurs traits
de cette antique figure de Caton le Censeur.

Dans ce troisième âge des poésies de Charles d'Orléans, la plus petite circonstance, la plus légère baga-
telle devient pour le poëte l'occasion d'une chanson ou
d'un rondel. Aussi arrive-t-il plus d'une fois au lecteur
de ne pouvoir pénétrer le sens de certaines pièces dont
le sujet fut pris de quelque détail fugitif et ignoré; certaines autres pièces n'offrent à ses yeux qu'un jeu ou un
tour de force poétique : n'oublions pas que dans l'académie littéraire du prince les exercices purement artifi-
ciels tenaient aussi leur place.

Il ne faut pas, je l'ai déjà dit, chercher à rétablir ici
l'ordre chronologique : on courrait trop grand risque d'y
perdre sa peine. Quelques rondels, cependant, semblent
faire assez clairement allusion à des évènements anté-
rieurs à 1453; quelques autres, et même des premiers

qui se présenteront, paraissent ne se rapporter convena-
blement qu'aux dernières années de la vie du prince;
mais ces indices ne suffisent pas pour fonder sur des dis-
tinctions bien tranchées un ordre différent de celui qui a
été suivi par les manuscrits de Colbert et de La Vallière,
qui nous guideront dorénavant, celui de Grenoble étant
épuisé; de sorte qu'il faut se résigner à suivre pas à pas
ces manuscrits. L'inconvénient qui en résultera ne tirera
pas à conséquence, grâce à un air de parenté auquel,
je le répète, on peut reconnaître, malgré la diversité
des nuances, que toutes les poésies qui nous restent
à parcourir sont le fruit de la vieillesse de l'auteur et les
productions d'un esprit qui ne change pas sensiblement
de caractère.

Comme toujours, l'amour inspirera encore la muse
du vieillard; mais il ne faut pas attacher plus d'importance à ce qu'il en dit qu'il n'y en attacha lui-même;
car il nous prévient qu'il n'en parle que par passe-temps,
et le plus souvent c'est pour s'en rire. Il n'en sera pas
de même de *l'espoir*, qui toute sa vie lui fit illusion. Cependant il a eu le temps d'éprouver le perfide; il le connaît à fond; c'est ce qui lui permet de le peindre si bien
en quelques mots : *l'espoir*, c'est un *beau menteur plein
de promesses*. Aussi ne l'écoutera-t-il plus à la légère :

> Ma bouche plus n'en parlera;
> Raison sera d'elle maistresse.

Il dit trop : la raison ne sera pas la plus forte; il est

homme, et sa bouche, obéissant à son cœur, parlera encore d'espoir, tantôt pour s'en louer, plus souvent pour s'en plaindre. En attendant qu'il se donne lui-même un démenti, il nous raconte une charmante petite scène dont il a été témoin et où une belle pleine de bon sens, mais peu sentimentale, se moque avec infiniment d'esprit de son amoureux qui protestait qu'il allait mourir pour elle :

> N'a pas long-temps qu'escoutoye parler
> Ung amoureux qui disoit à sa mye :
> « De mon estat plaise vous ordonner
> Sans me laisser ainsi finer ma vie :
> Je meurs pour vous, je le vous certiffie. »
> Lors répondit la plaisante aux doulx yeulx :
> « Assez le croy, dont je vous remercie
> Que m'aymez bien et vous encore mieulx.
>
> . . . .
>
> Je ne vueil pas de ce vous destourber
> Que ne m'aymez de vostre courtoisie ;
> Mais que pour moy doyez mort endurer,
> De le croire, ce me seroit folie.
> Pensez de vous et faictes chière lye :
> J'en ai oüy parler assez de tieulx (1),
> Qui sont tous sains, quoy que point ne desnye
> Que m'aymez bien et vous encore mieulx.
>
> Telz beaulx parlers ne sont en compaignie
> Qu'esbatemens entre jeunes et vieulx ;
> Contente suis, combien que je m'en rie,
> Que m'aymez bien et vous encore mieulx. »

(1) Tels.

Quelle leçon pour les amants langoureux! Pour lui, bien qu'il soit souvent provoqué par *Doulx-regart* et *Plaisant-atraiance*, il se gardera bien de tomber dans les embûches qu'on lui tend; il réfléchit trop maintenant pour faire encore des folies:

> Ce que l'ueil despend en plaisir,
> Le cueur l'achette chièrement,

dit-il avec une remarquable précision. Il a déjà déclaré qu'au bout de la carrière on ne trouvait que deuil et souci; son exemple le prouve bien:

> Pas ne mourray sans repentir,
> Car je m'en repens grandement.

Comme les joies du jeune âge se sont vite évanouies!

> Le
> En temps passe comme le vent!
> Il n'est si beau jeu qui ne cesse :
> En tout fault avoir finement.

Voilà le rêveur mélancolique dont le langage nous intéresse, parce qu'il est semé de réflexions qui nous instruisent, et nous plaît, parce qu'il est relevé à chaque instant par des expressions vives et pittoresques:

> Omne tulit punctum qui miscuit utile dulci.

Je l'aime mieux à soixante ans que lorsqu'il n'en avait que vingt-cinq; parce que maintenant il pense en philo-

sophe et il peint en poète ; en effet, ne fallait-il pas être
poète et philosophe pour faire cette vive peinture de la
Fortune avec ses cruels caprices, son indépendance et sa
fierté ?

> Je qui suis Fortune nommée,
> Demande la raison pourquoy
> On me donne la renommée
> Qu'on ne se peut fier en moy
> Et n'ay ne fermeté, ne foy :
> Car quant aucuns en mes mains prens,
> D'en bas je les monte en haultesse,
> Et d'en hault en bas les descens,
> Monstrant que suis dame et maistresse, etc. (1).

L'artiste n'a pas épuisé ses couleurs dans ce premier
portrait : il s'est permis, en le considérant, de faire des
remontrances à l'orgueilleuse et de lui reprocher de ne
se conduire qu'en dépit de la raison et de la justice. L'insolente divinité lui répond , et elle fait d'elle-même un
second portrait dans lequel sa nouvelle attitude n'est ni
moins vive ni moins arrogante que dans l'autre :

> Or çà, puisque il fault que responde,
> Moy, Fortune, je parleray :
> Si grant n'est, ne puissant, ou monde,
> A qui bien parler n'ozeray.
> J'ay fait, faiz encore et feray
> Ainsy que bon me semblera
> De ceulx qui sont soubz ma puissance :

(1) B. 113, p. 202.

Parle qui parler en vouldra,
Je n'en feray qu'à ma plaisance, etc. (1).

De tels morceaux, pour appartenir au xvᵉ siècle, me
semblent pouvoir soutenir le parallèle, dans leur genre,
avec ceux des meilleurs poètes.

Ce sujet était un lieu commun qu'aucun poète du
moyen âge n'a mieux traité que Charles d'Orléans. Alain
Chartier a fait six ballades sur *le régime de Fortune;* le
style en est lourd et diffus : elles sont bien de la main
d'un poète qui ne sut guère rimer que des complaintes ou
des textes de philosophie morale. Villon a été plus heureux ; M. Campaux trouve même que sa *ballade de Fortune* est son œuvre capitale ; il professe pour cette pièce
une admiration profonde, et il n'hésite pas à la placer
au-dessus de la 115ᵉ ballade du prince sur le même
sujet (2). J'aime mieux prendre la 113ᵉ pour terme de
comparaison. Sans parler de plusieurs traits que Villon
emprunte à Charles d'Orléans, quelle différence entre
les deux poètes sous le rapport de la mise en scène ! La
déesse vient expliquer vulgairement à Villon, qui la *crie
et nomme meurtrière,* que ce sont les *clercs* qui l'ont
jadis *nommée* Fortune... Où est cette pose arrogante et
hautaine qu'elle prend tout d'abord chez son rival ?

Je qui suis Fortune nommée...

(1) B. 115, *p.* 204.
(2) V. François Villon, par A. Campaux, *p.* 262 et suiv.

Ne sentez-vous pas toute la force de ce *Je* qui se dresse si orgueilleusement tout en tête? La Fortune a-t-elle, dans Villon, cette mobilité de physionomie, cette variété de geste, cette vérité, cette vie que lui a donnée notre poète? Que fait-elle, dans Villon? Elle argumente et elle appuie ses raisonnements sur le sophisme de *l'exemple*. Le poète prend de là l'occasion de faire une nouvelle leçon d'histoire, absolument comme dans sa *ballade de l'honneur français;* c'est qu'il est plus facile de se souvenir que d'inventer. Le caractère de la capricieuse déesse est bien plus vrai dans Charles d'Orléans. Elle répond aussi aux récriminations du prince; mais elle ne s'abaisse point à se justifier: elle insulte; c'est plus dans son rôle. On lui reproche de tout faire à contre-sens : elle confond l'ergoteur récalcitrant en se montrant plus souveraine, plus altière, plus impitoyable que jamais; elle se fait un jeu de pousser, comme il lui plaît, au faîte des grandeurs et de la gloire, ou de plonger dans la misère et les ténèbres les jeunes comme les vieux, les grands comme les petits. Qui est-ce qui l'en blâmerait? C'est de Dieu qu'elle tient sa puissance, de Dieu, *sur tous le souverain roi.* Quelle âpreté de ton, quelle fierté, quel dédain ! C'est un lieu commun? — Soit; mais un lieu commun, traité comme cela, me plaît mieux qu'un froid étalage d'érudition et de pédantisme.

Quant au style, il est facile de reconnaître combien celui de Charles d'Orléans est plus moderne, et quelle supériorité lui donnent le sens naturel des mots, la cons-

truction régulière de la phrase, cet ordre, enfin, si conforme au génie de notre langue. M. Campaux s'est vu
dans la nécessité de faire quinze notes pour éclaircir son
texte et encore ne nous a-t-il pas dit ce que signifie *eslimée* [1] *jus* [2] et *en arrière* [3], dans ce passage : *car en
arrière Priame occis.* Le texte du prince n'a pas besoin
de commentaires.

Faut-il enfin comparer les deux ballades pour la diction, la noblesse des images, la souplesse de la versification, la facilité, l'harmonie? Mais ce serait abuser,
que de profiter de l'avantage que nous donne, sur ce
point, notre poëte.

Je voudrais mettre un certain ordre dans les diverses
productions de sa muse ; mais il rend cette tâche fort
difficile, parce que, à cet égard, il ne s'est imposé nulle
contrainte : il met en vers ce qui lui vient à l'esprit ; les
sujets les plus variés se mêlent, se confondent, s'entre-
croisent et forment une telle bigarrure, qu'on est ébloui
et qu'on ne s'y reconnaît plus. Du reste, il ne faut pas
s'en plaindre : l'imprévu a son charme et la régularité fatigue quelquefois. Il vient de se montrer grand peintre de
caractère : voilà que maintenant il fait un retour sur lui-
même, sur le temps perdu, sur la vieillesse, et il s'ad-
ministre naïvement, plaisamment, des épithètes et des

(1) Amoindrie (terme de fauconnerie).
(2) A terre.
(3) Autrefois.

corrections qu'il ne mérite vraiment pas : autrefois, quand il était *en jeunesse fleurie*, il apprenait rapidement tout ce qu'il voulait; mais maintenant on le devrait *chastier*, *despoillier tout nu* :

> Je suis pour un asnyer tenu
> Banny de bonne compaignie
> Et de nonchaloir retenu.

Qu'y faire? il n'est plus temps d'aller à l'école : il a été paresseux et il le sera. Ne reconnaît-on pas là le frère aîné de La Fontaine? Il en a l'esprit et la bonhomie; il est aussi indolent que lui; si les vers lui coûtaient du travail, certes il ne se mêlerait point d'en faire non plus. Pourquoi se donner tant de peine, quand on est si bien au service de Nonchaloir ! Aussi,

> Pour le servir il est conclu :
> Qui vouldra pour moy estudie.
> . . . .
> Si j'ay mon temps mal despendu (1)
> Fait l'ay par conseil de folie;
> Je m'en sens et m'en suis sentu
> Es derreniers jours de ma vie.

Qui ne lui pardonnerait, en présence de tant d'aménité de caractère et de candeur d'âme, cette paresse dont il s'accuse tout le premier avec tant de simplicité et de

_____

(1) Dépensé.

franchise! La tranquillité et le repos furent le rêve de
toute sa vie; aussi, maintenant qu'il les goûte, comme
il en caresse les douceurs! Au moindre bruit qu'il entend, il s'inquiète, il s'alarme; aux moindres symptômes de troubles, il prêche la concorde et l'union, il
vante les bienfaits de la paix : il a si grand'peur de voir
la guerre civile l'arracher de nouveau, malgré lui, aux
charmes de la vie domestique! Sous les dernières années de Charles VII, les princes et les seigneurs du
royaume, mécontents de la tournure que prenaient les
affaires, s'agitaient sourdement pour faire des remontrances au roi; on parlait de *ligue*, de *bien public, etc.*;
et le prudent vieillard d'élever aussitôt la voix :

> Il n'est chose soubz le souleil
> Qui tant doit estre désirée
> Que paix; c'est le don non pareil.
>
> . . . .
>
> Fol est qui ne la veult avoir.
>
> . . . .
>
> Pour Dieu! laissons dormir traveil,
> Ce monde n'a guère durée.
>
> . . . .
>
> Et chascun face son devoir.

La paix, voilà le premier, le plus constant de ses vœux.
Il y revient dans la ballade suivante [1] :

> Demourons tous en bons accors ;

[1] B. 118, *p.* 208.

> Soustenons paix la bien amée
> Contre tous envieux rappors.

Ces passages sont des allusions assez claires aux préoccupations politiques qui agitaient les grands du royaume. C'était un noble rôle pour le duc d'Orléans que de chercher ainsi à calmer les passions, à rétablir la bonne intelligence entre le souverain et les seigneurs, à prévenir des guerres intestines si funestes à la prospérité de l'état, si désastreuses pour tous. C'est là une nouvelle preuve du patriotisme de Charles d'Orléans ; car il n'y a pas moins de patriotisme à prévenir, à force de modération et de sagesse, l'effusion du sang et les ravages de la guerre, qu'à se dévouer, quand il le faut, sur un champ de bataille, pour la défense de la patrie.

La crainte de la guerre s'étant un moment dissipée, le poète se livre à ses réflexions mélancoliques et se plaint de Vieillesse : mais il sait que quand on ne peut dominer la fortune, le mieux est d'y plier sa volonté ; il se résigne donc. Et puis il a trouvé un moyen d'alléger ses maux :

> Prenant en gré cette rudesse,
> Le mal d'autruy compare au mien ;
> Lors me tance dame Sagesse.
> Adoncques à moy je revien.

Voilà encore une bonne leçon : profitons-en ; et puisque

la douleur partagée est moitié moins lourde, quand nous serons malheureux, retrempons notre courage dans l'aspect du malheur d'autrui.

La ballade 122 est un de ces tours de force poétiques dont on rencontre plusieurs exemples dans les œuvres du prince et dans celles de ses collaborateurs : tous les vers commencent par *plus;* c'en est à peu près le seul mérite, pour ne pas dire le défaut. J'aime mieux la pièce suivante : c'est une énergique invective contre les menteurs, qu'il désire voir ensevelis sous les neiges de Savoie, jusqu'à ce qu'il aille les en tirer ; et l'on voit bien que ce ne sera pas de si tôt. Elle semble avoir été encore inspirée par la crainte de voir de nouveau la paix troublée :

> Pourquoy se font-ilz tant haïr?
> Voulent-ilz que l'en les guerroye ?
> Cuident-ilz du monde tenir
> Tous les deux boutz de la courroye ?
> C'est folie ; que vous diroye?...
> Paix crie ; Dieu la nous ottroye !
> C'est un trésor qu'on doit chérir, etc.

Les stances suivies d'une double ballade, inscrites *p.* 213 et suiv., et que l'on a eu tort de croire composées sur la conception de la Vierge, ne sont point de Charles d'Orléans [1]; on le reconnaîtrait à la versification seule,

___

(1) M. Champollion s'en est aperçu. V. *p.* 443 de son édition.

s'il n'était d'ailleurs bien constaté que leur véritable auteur est François Villon, qui les a composées pour célébrer la naissance de Marie d'Orléans, fille de notre poète. Elles peuvent servir, ainsi que la ballade que j'appellerai *ballade des antithèses* [1], de nouveau terme de comparaison entre Villon et son rival.

Ce sujet des *antithèses* avait été mis au concours par le président de l'académie poétique de Blois; la ballade de Villon semble à M. Campaux avoir remporté le prix [2]: c'est que ce critique n'a pas mis apparemment le prince au nombre des concurrents. Voyez la ballade de ce dernier, et demandez-vous si celle de Villon en a la clarté, l'aisance et la précision dans les contrastes de chaque hémistiche.

Le refrain de celle de Villon,

> Bien recueilly, débouté de chascun,

et le dernier vers de l'envoi,

> Que sçay-je plus? — Quoy? — Les gaiges ravoir,

renferment des allusions faciles à expliquer. Villon, *débouté de chacun*, avait *été bien recueilli* par le duc d'Orléans, et il touchait même des gages dans sa maison. On peut se demander comment il se fait qu'un pareil

(1) B. 125, *p.* 217.
(2) V. François Villon, *p.* 114.

homme ait reçu une si généreuse hospitalité du prince le plus poli de son temps. C'est que Charles d'Orléans aimait la poésie et les poètes, qu'il encourageait de ses libéralités : tout ce qui pouvait contribuer au progrès de l'art des vers était bienvenu de lui. Villon n'était pas un rimeur ordinaire, et il avait plus d'un titre aux bonnes grâces du prince. En 1457, renfermé au Châtelet pour un des tours de sa façon, et condamné pour la première fois à être pendu, il saisit aux cheveux une occasion de salut qui se présenta pour lui. La troisième femme du duc, Marie de Clèves, venait de mettre au monde une princesse, Marie d'Orléans. Villon plia une fois ses vers à la flatterie et célébra de son mieux la naissance de cette royale enfant :

> Marie, nom très gracieulx,
> Font de pitié, source de grâce...
> Du doux Seigneur première et seule...
> Très nécessaire enfantement...
> Pour esjouir et donner paix...
> Et aux enclos donner issue,
> Leurs liens et fers deslier,... etc.

A la requête de Villon, le prince en adressa une en grâce au parlement, et le prisonnier, sauvé de la potence, fut condamné seulement à l'exil. Il en témoigna sa reconnaissance dans la double ballade dont nous avons parlé un peu plus haut. Mais le duc ne se contenta pas d'arracher un poète à la mort; il le recueillit dans son exil et lui donna de quoi vivre. Villon viendra-t-il du moins à résipiscence, après le danger qu'il a couru ? Maintenant qu'il a un gîte et du pain, saura-t-il, dépouillant sa mauvaise nature, se livrer paisiblement au commerce des muses et profiter de l'exemple des vertus du prince, pour goûter, loin de la débauche et du crime, les doux plaisirs de l'imagination ? Hélas ! cela fait peine à dire ; mais sa vie dut être aussi scandaleuse à Blois qu'à Paris ; et le duc se vit sans doute obligé de l'abandonner ou de le chasser même de sa maison. C'est du moins ce qui semble ressortir de plusieurs allusions, entre autres de celles que renferment les passages suivants.

D'abord le rondel 255 de Charles d'Orléans me paraît se rapporter d'une manière frappante au caractère de Villon ; en effet, substituez son nom à celui de Soussy que porte le texte, et dites si vous ne reconnaissez pas, aux caractères qu'a réunis le poète, ce larron qui court la France *sans croix ne pile,* laissant à toutes les broussailles un lambeau de son *cotillon ?*

> Banissons Soussy, ce ribault
> Batu de verges par la ville ;
> C'est un crocheteur trop habille
> Pour embler joye, qui tant vault.
>
> Copper une oreille lui fault ;
> Il est fort larron entre mille ;
> Banissons, etc.
>
> Se plus ne revient, ne m'en chault ;
> Laissez le aller, *sans croix ne pille ;*

Le déable l'ait au trou sebille :
Point n'en saille pour froit ne chault,
Banissons, etc.

Voici d'autres preuves à l'appui de notre hypothèse. Les
poésies de Villon sont aussi l'histoire de sa vie ; j'extrais
ces vers de sa *ballade des proverbes :*

Tant vault l'homme comme on le prise.
Tant mauvais est qu'on le desprise.
Tant ayme-on chien qu'on le nourrist.

« Y aurait-il là, se demande l'auteur de *François Villon,*
des reproches à des protecteurs spécieux, qui, tout en
l'encourageant de paroles, l'auraient laissé mourir de
faim? » — Le rapprochement suivant sera peut-être de
nature à lever ces doutes. En l'an 1460 ou 1461, Charles
d'Orléans traçait ce portrait :

Qui a toutes ses hontes beues,
Il ne lui chault que l'en lui die,
Il laisse passer mocquerie
Devant ses yeux comme les nues.

S'on le hue parmy les rues,
La teste hoche à chière lie ;
Qui a toutes, etc.

Truffes (1) sont vers lui bien venues ;
Quant gens rient, il fault qu'il rie ;

(1) Brocards.

> Rougir on ne le feroit mie ;
> Contenances n'a point perdues
> Qui a toutes ses hontes beues.

Quel est l'original de cette peinture, si non l'échappé du Châtelet ? Villon s'y reconnaissait si bien lui-même, que, peu après, il mettait en tête de son *Grand Testament :*

> En l'an trentiesme de mon âge
> *Que toutes mes hontes j'eu beues...*

Ce vers n'a-t-il pas toute l'authenticité d'une signature ? Et après avoir étalé devant la cour de Blois le spectacle de ses désordres et de son incurable ignominie, Villon osait-il bien faire à l'adresse du prince ce vers plein de fiel ?

> Tant ayme-on chien qu'on le nourrist !

La ballade des *antithèses*, à propos de laquelle nous nous sommes écarté un instant de notre route pour suivre Villon à la cour du prince, avait été traitée par dix poètes de l'académie de Blois. Elle n'offre du reste que le mérite de la difficulté vaincue, et c'est le même amour de l'art pour lui-même qui inspira encore à Charles d'Orléans l'idée de terminer par un proverbe habilement amené tous les couplets de sa *lettre en complainte* qu'il écrivit en réponse à Fredet [1]. Il payait ainsi son tribut à

(1) Page 218.

la mode qui existait de son temps de rimer des proverbes.
Cette complainte est suivie d'une autre, en dialogue
cette fois. Les interlocuteurs sont l'*Amant* et l'*Amour*. Je
ne m'arrête pas aux arguments dont ils s'arment l'un
contre l'autre; mais le débat finit en manière d'apologue,
et la morale mérite d'en être recueillie. Le Dieu, ne pouvant trouver de raisons pour faire cesser les plaintes de
l'*Amant*, met ainsi un terme à une contestation qui lui
pèse :

> Estre mon maistre vous voulez
> Par vostre parler, ce me semble,
> Et grandement vous me foulez;
> Mais l'estrif (1) de nous deux ensemble,
> Comme on peut congnoistre, ressemble
> Au débat du verre et du pot.
> Fain avez qu'on vous tiengne à sot.
> Devant Raison soit assigné :
> Se j'ay tort, paier vueil l'escot
> Quant le débat sera finé.

L'AMANT.

> Il fault que le plus foible, doncques,
> Soit tousjours getté sous le pié,
> Ne je ne vy autrement oncques.
>
> . . . .
>
> J'ai cogneu, où j'ai peu gaingnié
> Vostre court à mont et à val;
> Et, soit à pié ou à cheval,
> On n'y scet trouver droit chemin;

(1) Lutte.

> Quoy qu'on y trouve, bien ou mal,
> Il faut tout partir (1) au butin.

Que de cours ressemblent à celle d'Amour ! La complainte menaçait d'être un ennuyeux dialogue ; mais ces deux couplets font pardonner le reste.

Le poète s'était promis de ne plus parler d'Espoir, et nous avons dit qu'il se donnerait de fréquents démentis : c'est ce qui lui arrive. Il n'a, il est vrai, qu'à s'en plaindre ; mais, comme il le dit lui-même, Espoir est le *confort* des malheureux, par conséquent, il est le sien : quelque mal qu'il en dise, c'est toujours à lui qu'il revient, la raison a beau lui conseiller de s'en départir, son cœur lui laisse toujours une porte ouverte pour rentrer : *spe longus.* Toutefois, l'ennui et la souffrance sont pour lui deux implacables ennemis aux étreintes desquels il voudrait se dérober même au prix de la vie. Et pourtant il lui faudrait parfois bien peu de chose pour être heureux : qu'on laisse dormir en repos sa pensée seulement !

> Ne hurtez plus à l'uis de ma pensée,
> Soing et Soussy, sans tant vous travaillier ;
> Car elle dort et ne veut s'esveillier.
>
> . . . .
>
> Cessez, cessez, laissez-la sommeillier.

Son cœur et ses yeux sont perpétuellement en guerre, celui-là se plaignant sans cesse des rapports que lui font

(1) Partager, abandonner.

les autres et qui n'ont pour effet que d'accroître ses douleurs. Le remède à ces douleurs et à cette mélancolie, on
le devine, c'est l'espérance. Bien qu'elle le berce de vaines illusions, c'est elle cependant qui réchauffe son cœur
et lui ménage ces jours plus heureux où, prenant son
parti de toutes ses misères, il les oublie un moment et
va jusqu'à s'en rire :

> Au fort, puisque suis en la dance ,
> Bon gré, maugré m'y fault fournir,
> Et n'y sçay de quel pied saillir :
> Je reculle , puis je m'avance :
> Et bien, de par Dieu ! Espérance !

Il n'est pas toujours grondeur avec Espérance; quelquefois il se réconcilie avec elle, et, s'il se plaint encore,
il le fait en un langage plus doux que le miel :

> Ma mye Espérance,
> Pourquoy ne s'avance
> Joyeulx-reconfort?
> Ay-je droit ou tort
> S'en luy j'ay fiance ?
>
> Peu de desplaisance
> Prent en ma grevance :
> Il semble qu'il dort.

Peut-on être plus harmonieux? C'est que la douleur
quitte peu à peu le poète. A force d'appeler Joyeulx-re-
confort, il le voit arriver, et avec lui reviennent la joie,

la vivacité, la finesse et la grâce. La chanson 90, *p* 241,
est pleine de mouvement : si l'ennui, le souci et la mélancolie veulent le faire mourir, dit-il, qu'ils redoublent
leurs attaques, pour en finir ; puis, se reprenant :

> Ay-je bien dit ? — Nennil, je le renye.

Il leur oppose l'espoir, toujours l'espoir.

> Et qu'esse-cy ? Je suis en resverie :
> Il semble bien que ne sçay que je die.
> Je dis puis l'un, puis l'autre, sans accort :
> Suis-je enchanté ? Veille mon cueur, ou dort ?
> Vuidez, vuidez de moy, belle Folie,
> Anuy, Soussy, Soing et Mérencolie.

Dans une de ses sorties le prince s'était arrêté devant
la boutique d'un petit mercier ambulant ; mais il n'y
voyait que des bagatelles, et il l'osa dire. Le petit mar-
chand, piqué au vif, et trouvant sans doute qu'il lui
faisait perdre son temps à fouiller dans tout son panier,
plante là le chaland difficile et s'en va chercher fortune
ailleurs. Cette petite aventure fut pour le poète le sujet de
deux chansons pleines de naturel et de grâce. Voici la
réponse du petit mercier.

> Petit mercier ! Petit pannier !
> Pourtant se je n'ay marchandise
> Qui soit du tout à vostre guise,
> Ne blasmez pour ce mon mestier.

Je gangne denier à denier ;
C'est loin du trésor de Venise :
Petit mercier ! etc.

Et tandis qu'il est jour ouvrier,
Le temps pers quant à vous devise ;
Je voys (1) parfaire mon emprise
Et parmy les rues crier :
Petit mercier ! Petit pannier !

Vient-il à nous reparler de la belle et de la mauvaise saison? Il retrouve son coloris d'autrefois.

Yver, vous n'estes qu'un villain ;
Esté est plaisant et gentil, etc. (2).

Le vieillard renaît avec les beaux jours. Dès que le triste hiver lui a, en se retirant, rendu le soleil et la santé, il retrouve tout son esprit et toute sa verve. Dans la satire morale même, il reparaît aussi mordant que jamais. Plus il avance en âge, moins il épargne les femmes. Il demande où est celle qui aime sincèrement avec constance et sans légèreté; il faudrait la faire *crier* pour la trouver, et encore, la trouverait-on dans cette multitude de femmes fausses où *de paour elle s'est mussiée* (3) ? Aussi vivent pour lui les plaisirs de la pêche, de la chasse et de la bonne chère ! Le voilà devenu épicurien :

(1) Vais.
(2) Chanson 94, *p.* 244.
(3) Cachée.

Puisque par deçà demourons
Nous Saulongnois et Beausserons,
En la maison de Savonnières,
Souhaidez nous de bonnes chières
Des Bourbonnois et Bourguignons.

Aux champs, par hayes et buissons,
Perdrix et lièvres nous prendrons ;
Et yrons pescher sur riviéres ;
Puisque par deçà, etc.

Trincs (1), tabliers (2), cartes aurons,
Où souvent estudierons ;
Vins, mangers de plusieurs manières
Galerons, sans faire prières,
Et de dormir ne nous faindrons.

On aime cette gaieté franche, on voudrait la voir durer.
Il est fâcheux que la mélancolie vienne si tôt troubler la
fête ; mais *deux ou trois couples d'ennuis* assiégent toujours le poète dans sa maison ; il a beau les fuir, il ne
peut s'en débarrasser : il les chasse par une porte, ils
reviennent par l'autre.

À la page 249 se rencontre une *Carole* suivie de deux
autres qui ne peuvent appartenir qu'au premier âge des
poésies du prince. C'est tout ce que j'ai à en dire. Quant
à la première, elle est harmonieuse, mais fade. Le rondel

(1) Trictracs.
(2) Damiers.

qui les suit a autrement de relief; c'est un petit modèle de
style satirique et descriptif :

> Laissez aler ces Gorgias (1)
> Chacun yver à la pippée :
> Vous verrez comme la gelée
> Reverdira leurs estomas.
>
> Dieu scet s'ils auront froit aux bras
> Par leur manche deschiquetée !
> Laissez aler, etc.
>
> Ils portent petiz souliers gras
> A une poulaine embourrée ;
> Froidure fera son entrée
> Par leurs talons nuz par embas :
> Laissez aler ces Gorgias.

S'il a le talent de donner un tour vif et piquant à
l'expression de sa malice, il n'est pas moins habile à
trouver des images remarquables pour relever la sagesse
de sa morale. Il veut nous dire qu'il faut laisser faire le
temps et se soumettre aux évènements : voyez (rondel 40,
p. 253) quel parti il tire de cette idée et quels développements poétiques il lui donne. C'est avec la même originalité de style que, dans la chanson 104, p. 255, il nous
peint la ruse sous l'apparence de la sottise :

> La véez-vous là la lyme sourde
> Qui pense plus qu'elle ne dit ?

(1) Galants parés à la mode.

> Souventesfoiz s'esbat et rit
> A planter une gente bourde, etc. (1).

Le poète est décidément en veine à l'époque que nous traversons ; chacune de ses pièces renferme une idée neuve et est empreinte d'un cachet particulier qui frappe l'attention et soutient l'intérêt ; le vers est facile, le style varié, les expressions pittoresques : chaque nouvelle production est une trouvaille.

Trop parler nuit, et toute vérité n'est pas bonne à dire, dit le proverbe : tel est aussi l'avis du poète :

> Sauves toutes bonnes raisons,
> Mieulx vault mentir pour paix avoir
> Qu'estre batu pour dire voir (2) :
> Pour ce, mon cueur, ainsi faisons.
>
> Rien ne perdons se nous taisons.
>
> . . . .
>
> Parler boute feu en maisons
> Et destruit paix, ce riche avoir, etc.

Cette morale ne vous paraîtra peut-être pas très sévère ; mais le prince a eu soin de vous montrer plus haut sa haine contre les *faux menteurs ;* il ne s'agit donc ici que du *mensonge officieux*, et le poète pouvait s'en accommoder, surtout quand il en devait résulter la paix, *ce riche avoir, ce trésor de joie.* Aussi,

(1) Plaisanterie.
(2) Vrai.

Nul de la langue ne m'arrache
Ce qu'en mon cueur je voys (1) pensant,

dit-il. Il a sans doute des raisons pour cela. C'est donc
la faute du monde si sa philosophie tourne un peu à
l'égoïsme, comme dans cette chanson :

Pense de toy
Doresnavant ;
Du demourant
Te chaille poy (2).

Ce monde voy
En empirant,

. . . . . .

Regarde et oy,
Va peu parlant, etc.

Il voit avec dépit que tout se passe ici-bas contrairement
à la raison. Son malheur est d'avoir trop d'expérience
et de sagesse : il se trouve dépaysé au milieu des hommes ; le genre humain est maintenant pour lui un spectacle dont il est le seul spectateur. Il vient de se plaindre
du monde en général, maintenant il prend les femmes à
partie ; ce n'est pas merveille si elles envoient souvent
paître leurs maris : elles veulent toujours *jouer de maître ;* aux portes, aux fenêtres, à gauche, à droite, elles
ont partout les yeux et les oreilles. Tout ce qui se passe

(1) Vais.
(2) T'inquiète peu.

autour de lui n'est pas sans le dégoûter quelque peu du commerce de ses semblables. La Fortune, par ses faux attraits, *a pipé son cœur*, pour l'emprisonner dans le souci, comme un oiseau en cage; qu'on ne se mêle plus de ses affaires; qu'on le laisse en paix ; il s'en tiendra à ce proverbe : « Rien ne m'est plus : » allusion à la devise de sa mère. La vie est un long martyre; la joie et le plaisir n'y ont point de durée :

C'est grant peine que de vivre en ce monde !

Il l'avoue pourtant :

Encore est-ce plus peine de mourir.

Il ne s'occupera plus que de se préparer une bonne mort par une sainte vie. Mais n'allez pas prendre pour argent comptant les paroles que lui dicte un moment de dépit; vous vous abuseriez. Le vieillard aime le monde, quoi qu'il en dise : il n'en médit que par boutades, et ces boutades durent peu, pas plus que la joie et le plaisir auxquels il reproche d'être si éphémères. Dès que les choses ne vont pas à son gré, il se réfugie sous l'aile de l'espérance: c'est là son éternel *confort :* grâce à elle, il jouit en imagination des plaisirs que lui refuse la réalité; elle ramène la sérénité sur son visage, la joie dans son cœur, le calme dans son esprit. Alors il se réconcilie avec le monde; seulement, pour en éviter les dangers, il ne s'y engage pas trop avant. Son plaisir est de l'observer en philosophe et d'en relever sans amertume les

sottises, décochant, tantôt à droite, tantôt à gauche, les
traits spirituels de son aimable ironie. En voici à l'a-
dresse des amoureux :

> Jeunes amoureux nouveaulx
> En la nouvelle saison,
> Par les rues, sans raison,
> Chevauchent faisant les saulx,
> Et font saillir des carreaulx
> Le feu, comme de charbon.
>
> . . . .
>
> Mais picqués de l'esperon
> Sont autant que leurs chevaulx.

S'il sait aiguiser une fine épigramme pour égayer votre
esprit, il sait aussi remuer votre cœur par la réflexion
la plus grave :

> A tout bon compte revenir
> Convendra, qui qu'en rie ou pleure,
> Et ne scet où, le jour, ne l'eure ;
> Souvent en devroit souvenir.

Mais cet air sombre va mal à sa physionomie franche et
ouverte [1]; la gaieté lui sied bien mieux, et surtout la
gaieté railleuse. Il se moque de lui-même avec tout autant d'esprit que des autres :

> Vous estes payé pour ce jour
> Puisqu'avez eu ung doulx regard ;

___

[1] Si l'on peut s'en rapporter au portrait que nous en a
conservé un manuscrit du temps.

Devant un ancien regnart
Tost est apperçu un tel tour.

. . . .

Il sousfit pour vostre labour;
Et s'après on vous sert de l'art,
Prenez en gré, maître coquart :
Ce n'est qu'un restraintif d'amour.

A la page 265 de l'édition Champollion commence le recueil des quelques pièces que Charles d'Orléans composa en anglais. Elles sont au nombre de neuf : sept chansons, une ballade et un rondel. Peut-être y faut-il joindre deux autres chansons contenues dans l'appendice et extraites du *manuscrit du roi*, au Musée britannique. L'éditeur a pensé qu'elles offraient trop peu d'intérêt pour mériter d'être traduites. Leur principal mérite, en effet, est d'être en anglais du xve siècle.

C'était une rareté alors qu'un français sachant écrire correctement l'anglais. Les Anglais étaient plus curieux d'étudier notre langue que nous la leur. Le français avait déjà des tendances à devenir cette langue universelle que cherchait plus tard Leibnitz, et qui s'établissait autour de lui, comme dit Rivarol [1]; et puis les habitants d'Albion avaient des motifs particuliers de savoir la langue qui se parlait sur les bords de la Seine. Guillaume de Normandie, après sa victoire d'Hastings, avait imposé sa langue aux vaincus; la noblesse d'Angleterre

(1) V. de Chevallet, *Origine et formation de la langue française*, Paris, 1858, t. I, *p.* 38 et suiv.

eut donc intérêt à s'y plier, pour faire oublier son origine saxonne. Ainsi se forma un idiome bâtard, l'anglo-
normand, qui, au temps de Chaucer, n'était plus entendu
des peuples de l'Ile de France. Ce poète, en effet, nous
dit de certaine nonne, qu'elle parlait très élégamment et
très correctement le français d'après l'école de *Stratford-
at-Bowe*, mais que le français de Paris lui était in-
connu [1]. C'est peut-être ce dernier français que, dans
Shakspeare, un homme du peuple, le rebelle Jack Cade,
reproche si violemment à lord Say de savoir : *il parle
français; donc c'est un traître* [2]. On le voit, le peuple
détestait le français et regardait comme un ennemi qui-
conque le parlait; mais les hautes classes de la société,
et tous ceux qui étaient intéressés à plaire au gouvernement, devaient savoir le français. Lorsqu'Edouard III
eut vengé la défaite d'Hastings par ses victoires de
Crécy et de Poitiers, il fit introduire l'anglais dans les
actes publics de son pays, pour étouffer l'anglo-nor-
mand; mais le pli en était pris, et, malgré ses ordres, on
écrivit encore en français, même dans les matières judi-
ciaires. Froissard rapporte que Richard II lisait et parlait très bien le français.

C'est à cette époque, cependant, trois siècles après la

(1) And Frensch she spack ful faire and fetysly
     Aftur the scole of Stratford atte Bowe,
     For Frensch of Parys was to hire unknowe.
               (*Contes de Canterbury*. — Prolog. V. 123-5.)
(2) Drame historique d'Henri VI, 2ᵉ partie, act. IV, sc. 3.

conquête de Guillaume, que l'enseignement de l'anglais reprenait dans les écoles la place de l'enseignement du français [1]; mais les conquêtes d'Henri V en France forcèrent de nouveau les Anglais de parler et de reporter même en Angleterre une langue qu'ils avaient voulu en chasser. Pour arriver à dominer la France, ils devaient se résigner à en subir la langue. Ainsi cette langue s'imposait à eux de toutes les manières, d'abord comme vaincus, ensuite comme vainqueurs. Malheureusement les seigneurs d'Angleterre avaient beaucoup de peine à parler le français de Paris. Ceux de France du parti anglais voulurent, pour flatter leurs amis, parler aussi leur langue. Il dut être plaisant d'entendre le jargon de cette cour que le duc de Bedford tenait à Vincennes au nom du roi Henri VI; aussi Shakspeare a-t-il trouvé le sujet de maintes scènes comiques de ses drames d'Henri V et d'Henri VI, dans les efforts que faisaient ces seigneurs des deux nations pour parler réciproquement une langue qu'ils ne faisaient que bégayer. Il nous représente Henri V comme fort embarrassé pour tourner en français quelques compliments d'amour à Catherine de France, fille de Charles VI, laquelle n'est pas capable de l'entendre en anglais; d'un autre côté, une dame-d'honneur de celle-ci, Alice, qui a été en Angleterre et prétend pouvoir en enseigner la langue à sa maîtresse, se fait

(1) Villemain, *Tableau de la litt. au moyen âge*, t. II, *p.* 160.

moins comprendre des Anglais dans leur propre langue, que Catherine dans la sienne.

Les Anglais, malgré le besoin qu'ils avaient de pratiquer notre idiome, avaient donc la plus grande difficulté à l'apprendre. Pourquoi? Parce que cet idiome encore imparfait, livré à l'incertitude et au hasard, et toujours subordonné au latin par les érudits et les clercs, n'avait point de grammaire qui pût en fixer les règles. C'est même à un habitant d'outre-Manche que nous sommes redevables de la première grammaire de notre langue. C'est en 1529 que Jehan Palsgrave, natif de Londres et gradué de Paris, écrivit son *esclarcissement de la langue françoyse*. Du reste, deux des plus anciens ouvrages écrits en français, le *Brut* d'Angleterre et le roman de *Rou*, ont eu pour auteur un anglais : Robert Wace était natif de Jersey, et il passa la plus grande partie de sa vie en Angleterre. Au XIVe siècle, Jean Gower écrivait très facilement le français, au point que Warton se demande si même les poètes français de son siècle ont écrit notre langue d'une manière supérieure à la sienne.

Les clercs de France n'écrivirent point en anglais, et il ne faut pas s'en étonner, puisque cette langue avait été sacrifiée à la nôtre; Charles d'Orléans, toutefois, fait exception ; mais il lui a fallu, pour cela, les circonstances toutes particulières d'une longue détention en Angleterre. Il profita de son séjour dans l'île pour apprendre la langue de ses vainqueurs, dans laquelle il a écrit avec

non moins de pureté et d'élégance que Gower dans la
nôtre; témoin cette chanson, dont je n'ai fait que rajeunir l'orthographe, en essayant de corriger quelques
fautes de copiste qui me semblent s'être glissées dans le
texte de l'édition :

> Against the coming of May
> That is full of lustiness,
> Let us leave all heaviness
> As far as we can or May.
>
> New is time of mirth and play;
> Winter with his idleness
> Is discomfit as he goes
> And ready to flee away
> Against the coming of May.
>
> Wherefore, ladies, I you pray
> That you take in your gladness
> And do all your business
> To be merry night and day
> Against the coming of May (1).

(1) Voici le texte propre de l'édition :

> Ayens the comyng of May
> That is full of lustynes
> Let us leve all hevynes,
> As fer as we can or May.

Now is tym of myrth and play
Wynter weth hys ydylnes
Is discom fet as y ges
And redy to fle a way
Ayens the comyng of May.

Wherefore ladys. I you pray
That ye take in yow gladnes
And do all your besynes,
To be mery nyght and day,
Ayens the comyng of May.

C'est pendant les premières années de sa captivité que Charles d'Orléans dut apprendre l'anglais : les quelques pièces [1] qu'il a composées dans cette langue se rappor-

___

[1] Charles d'Orléans n'a-t-il composé en anglais que les sept ou neuf pièces dont nous avons parlé ? — Tout me porte à le croire. Le titre d'un ouvrage publié à Londres en 1827 : *Charles duke of Orleans. Poems written in english during his captivity in England after the battle of Agincourt*, ferait penser, il est vrai, que le prince a écrit autre chose en anglais; mais ce volume doit tout simplement reproduire le texte du manuscrit *des poésies traduites en anglais*, dont il est question à l'appendice de l'édition Champollion, *p.* 456. L'opinion générale est que cette version anglaise n'est pas contemporaine de Charles d'Orléans et que les poésies anglaises que l'on croit pouvoir attribuer à ce prince sont celles des manuscrits de Paris et de Carpentras, et de plus quelques autres tirées des manuscrits de Londres. Les informations que j'ai prises auprès du *Principal librarian du British Museum*, m'ont confirmé que la collection des poésies de Charles d'Orléans conservées au Musée britannique ne contient, en effet, que *trois courtes pièces* en anglais. Enfin, M. Fr. Michel, dans un rapport au Ministre, imprimé dans la collection des *Documents inédits*, donne la concordance des manuscrits anglais de notre poète avec les manuscrits français, et cette concordance réduit les poésies composées en anglais à celles que donne l'édition de M. Champollion.

Le volume, *The poems written in english*, etc., serait de nature à jeter un grand jour sur cette question; malheureusement il n'a été tiré qu'à quarante exemplaires, lesquels se trouvent sans doute entre les mains de particuliers; car il m'a été impossible de retrouver la trace d'aucun d'eux.

tent toutes au premier âge de ses poésies ; dans celle que nous venons de citer il chante le *renouveau ;* dans les chansons 122, 123, 124, 125 et 126, il proteste de son amour à sa dame, lui exprime sa tristesse, implore sa pitié ou la menace de vengeance. Dans la ballade 126, il s'adresse à la Fortune : « ...Pourquoi es-tu mon ennemie ? Je n'ai rien fait pour te déplaire ; et cependant tu t'opposes à l'accomplissement de mes désirs, et par là tu augmentes toujours mes chagrins. Et puisque tu sais que je suis malheureux, en proie à des tourments continuels, pourquoi ne veux-tu pas m'arracher à mon malheur ? — A toi seule j'adresse ces plaintes, car tu es la cause de mes maux. Et cependant je sais que, si tu en avais le moindre désir, tu pourrais me rendre heureux...» La chanson 127 et le rondeau 45 ne sont qu'une paraphrase de la 46ᵉ chanson française. Ainsi, comme idées, ces poésies anglaises ne nous offrent rien de neuf ; seulement elles sont un curieux échantillon de la manière dont un habile poète de France savait manier l'anglais du xvᵉ siècle : on voit que cet anglais n'a pas beaucoup changé depuis.

Charles d'Orléans a porté jusque dans la langue latine la clarté de sa diction et la facilité de sa rime. Témoin la *carole, p.* 270, sur la naissance et le sacrifice du Fils de Dieu :

Laudes Deo sint atque gloria, etc.

Carole signifiait ordinairement *danse en rond ;* suivant

Ducange, on appelait aussi de ce nom une procession qui se faisait *autour* de l'église; la carole en question semble, en effet, avoir été composée pour être chantée dans cette sorte de solennité. C'est la seule pièce purement latine qui se rencontre dans les œuvres du poète. Une dizaine de rondels contiennent encore des vers ou des bouts de vers en latin mêlé au français : c'étaient des délassements poétiques en usage dans l'école de Charles d'Orléans. François Villon s'y amusa comme lui.

Le 46ᵉ rondel nous apprend que le poète, tout philosophe qu'il soit devenu, aime mieux faire comme le commun des mortels, que de fuir une société à laquelle il trouve pourtant beaucoup à reprendre : il préfère la morale un peu mondaine de Philinte à l'austère, mais inutile vertu d'Alceste. Dans le rondel suivant, il nous donne le moyen de faire repentir de leur outrecuidance les impertinents ergoteurs :

> Baillez lui la massue
> A cellui qui cuide estre
> Plus subtil que son maistre
> Et sans raison l'argue, etc...

Dans le 49ᵉ rondel, ainsi que dans la chanson 113, *p.* 230, il fait des allusions assez claires à ses prétentions sur le Milanais. Ces deux pièces sont évidemment sœurs, et elles doivent appartenir à l'année 1449, époque à laquelle il se rendit à Asti : c'est une raison de croire qu'une partie des poésies de cette troisième période se

rapporte bien réellement à l'espace de temps qui s'écoula
depuis 1440 jusqu'à 1453; mais, dans l'impossibilité
de ressaisir l'enchaînement chronologique depuis le manuscrit de Grenoble, force nous est, je le répète, d'errer
à travers le dédale des manuscrits de Paris.

Le 54e rondel est une bouffonnerie des plus piquantes,
qui, n'eût-elle pas d'autre intérêt, offrira du moins
celui de la nouveauté. Il faut avouer que l'idée en est
bien un peu gaillarde, graveleuse même, et qu'elle sort
complètement des habitudes du poète; mais, du reste,
pas un mot mal sonnant, capable d'effaroucher la pudeur. La Fontaine aurait bien ri du cas de ce pauvre
Etienne Le Gout, s'il fût jamais tombé sur ce rondel; et
quel moraliste assez chagrin n'en ferait pas autant, en
lisant le récit de cette piteuse aventure, si plaisamment
enveloppé dans des termes de grammaire?

> Maistre Estienne Le Gout nomminatif
> Nouvellement, par manière optative,
> Si a voulu faire copulative;
> Mais failli a en son cas génitif.
>
> Il avait mis vi ducatz en datif
> Pour mieux avoir sa mie vocative,
> Maistre Estienne, etc.
>
> Quant rencontré a un accusatif
> Qui sa robbe lui a fait ablative :
> De fenestre assez superlative
> A fait un sault portant coup en passif,

Maistre Estienne Le Gout nomminatif (1).

Après cette saillie grivoise, le poète met son chien en scène et nous y intéresse par l'éloge qu'il en fait. Il nous le montre maintenant dans ses beaux jours ; nous le retrouverons plus tard couché près de son maître, au coin du foyer domestique, jouissant, dans une vieillesse respectée, de l'opulente retraite méritée par ses glorieux services :

Près là, Briquet aux pendantes oreilles ! etc. (2).

Le poète ne veut pas renoncer au monde ; mais il payera chacun suivant ses œuvres. Quelquefois, cependant, il s'impatiente de voir que cette raison, dont il soutient partout la cause, n'ait pas plus d'empire sur les hommes: alors il leur crie d'une voix plus forte qu'ils se repentiront un jour, s'ils ne cessent de s'abandonner sans réflexion à tant de folies. Le moraliste parle latin et français (3) ; mais l'énergie de l'apostrophe n'en est pas affaiblie. Ce sont surtout les trompeurs et les flatteurs qu'il déteste, on le sait déjà : il lance contre eux cette nouvelle invective, où il nous dit, en quelques mots pleins de force, ce qu'ils sont et quelle horreur ils lui inspirent :

(1) Alain Chartier n'a pas craint de composer trente-deux vers sur le même sujet ! Le prince a eu du moins le bon goût d'être bref.
(2) Rondel 52, *p.* 274.
(3) Chanson 128, *p.* 276.

Procul a nobis
Soient ces trompeurs !
Dentur aux flatteurs
Verba pro verbis.

. . . .

Non semel sed bis
Et des fois plusieurs
Sont loups ravisseurs
Sous peaulx de brebiz :
Procul a nobis !

Ce trait : « *Dentur* aux flatteurs *verba pro verbis,* »
n'est-il pas une heureuse idée et un ingénieux moyen de
les punir comme ils le méritent? Quelle souplesse d'imagination, quelle variété de couleurs il faut avoir pour
toucher tour-à-tour les sujets les plus divers et les plus
opposés, et cela, avec naturel, avec convenance, comme
si tous ces sujets lui étaient également propres! Il vient
de se montrer amer et virulent dans la satire; voilà
maintenant qu'il se penche sur le berceau de l'enfance
avec la tendresse et le sourire d'une mère :

Quant n'ont assez fait dodo
Ces petitz enfanchonnés,
Ils portent sous leurs bonnés
Visaige plein de bobo.

C'est pitié s'ils sont joio
Trop matin, les doulcinés,
Quant n'ont, etc.

> Dieux ! amassent à gogo
> Gésir sur molz coissinés ;
> Car ilz sont tant poupinés
> Hélasche ! guoguo, guoguo,
> Quant n'ont assez fait dodo.

Mais la douleur reprend le poète : sa pensée devient mélancolique, ses plaintes recommencent. Ses yeux sont blessés de ne voir partout que fausseté au lieu de loyauté; son cœur est si plein d'indifférence, que la joie n'y peut plus entrer ; ses goûts deviennent bizarres et capricieux comme son esprit : il est ennuyé de *pain blanc*, il meurt d'envie d'avoir du *pain bis* bien frais. Le mois de Mai est de retour; la pluie lui ferme la porte des champs : plus de plaisir, il prend le deuil. Et puis son cœur est rongé par un *angoisseux déplaisir* qu'il ne peut découvrir à personne. Il écrit *au livre de sa pensée* sa douloureuse histoire, et il *l'enlumine de larmes* :

> Les grosses gouttes de sueur
> Lui saillent de peine et labeur
> Qu'il y prent et nuit et journée.

Voilà encore de cés expressions vigoureuses qui peignent fortement ce qu'elles disent et en laissent dans l'esprit une image ineffaçable.

Si le souci l'assaille, qu'y faire? La colère n'y peut mais; c'est une nécessité bien dure, mais il faut la subir : il la subira; il se raidira le plus possible contre la cruauté du sort; malheureusement cela le rendra parfois indifférent au plaisir autant qu'à la douleur : qu'il fasse beau ou mauvais temps, que lui importe ?

> Je demourray quoy
> En ma vieille peau,

s'écrie-t-il tristement. Mais on voit que si la pensée s'assombrit, le style ne perd rien de sa couleur : à chaque instant se trouve quelque mot énergique ou pittoresque qui le soutient ou le relève.

Charles d'Orléans eût été un Lélius en amitié, s'il avait jamais rencontré un Scipion : une des choses qui lui manquent le plus, c'est un ami sincère, un cœur *tout sien*. Il appelle souvent de tous ses vœux une si douce union ; mais l'expérience qu'il a acquise ne lui permet pas d'espérer la possession d'un si grand trésor ; une amitié parfaite est si rare !

> En toute chose a ung mais.

Ainsi l'expérience, en détruisant toutes les illusions, peut devenir une source de chagrin : cela est prouvé par l'exemple du poète ; mais cette disposition mélancolique le sert bien dans la satire : elle lui inspire un langage singulièrement incisif dans celle qu'il fait contre les gens qui se piquent de sagesse et se mêlent d'en remontrer aux autres [1]. Le spectacle des vices de l'humanité le pour-

---

[1] Rondel 75, *p.* 289.

suit partout. La bonne foi s'est retirée du monde : rien
ne l'y attache plus, et il sent qu'il y est lui-même de
trop :

> Le monde est ennuyé de moy
> Et moy pareillement de lui...

C'est un accès de misanthropie qui s'empare de son âme;
mais il ne sera pas de longue durée; il tient autant à
des souffrances physiques qu'à des peines morales. Le
poète est fâché de paraître triste et morose; mais il n'est
pas maître de son cœur : le chant, la danse, les divertissements, dit-il, ne servent de rien à un cœur ulcéré ;
une seule chose lui plaît, c'est de penser toujours au mal
qui le ronge : si l'on rit, il a coutume de pleurer, et, autant qu'il le peut, il cherche la solitude, afin de ne s'en-
tretenir avec personne. Ayez confiance, dites-vous. —
A qui ? En quoi ? Rien n'est sans *si ;* le monde a si peu
de foi ! —Voilà la triste, mais vraie peinture d'un cœur
navré. Point de remède à une si noire mélancolie : c'est
un mal qui doit s'en aller comme il est venu. Le poète
nous indique lui-même, dans un langage qui lui appartient, la meilleure conduite à tenir en présence de sa
mauvaise humeur :

> De légier pleure à qui la lippe pent,
> Ne demandez jamais comment lui va ;
> Laissez l'en paix : il se confortera ,
> Ou en son fait mettra appointement.

A son ombre se combatra souvent
Et puis son frein rungier lui convendra :
De légier pleure, etc.

S'on parle à lui, il en est mal content,
Chéminée, au derrain (1), trouvera
Par où passer sa fumée pourra :
Ainsi avient le plus communément
De légier pleure à qui la lippe peut.

Ces réflexions ne manquent ni de profondeur, ni surtout de justesse, et elles n'intéressent pas moins par leur utilité que par leur forme.

Souvent il soupire secrètement pour épargner aux autres la vue de son martyre. La mélancolie lui fait une guerre à mort. Il n'est pas de ceux à qui Fortune *plaît et rit ;* aussi, quand il se flatte de voir *le bon temps revenir,* il se demande s'il ne s'abuse point, et il éclate de plus belle contre Mérencolie, cette vieille *rassotée,* cette éternelle ennemie de l'espérance, toujours escortée de la Tristesse et de la Malice, de la Colère et de la Douleur. Est-ce merveille s'il s'ennuie, quand il a ce qu'il ne veut point et qu'il n'a pas ce qu'il veut ? Il attend jour et nuit un soulagement à ses maux. Il lui arrive enfin, quoique lentement ; l'amertume de ses plaintes cesse peu à peu et l'on voit même, à l'air que prend le poète, qu'il est à peu près guéri et que, s'il se plaint encore, c'est, pour ainsi

(1) A la fin.

dire, par l'habitude qu'il en a prise. Les femmes seraient-
elles en partie cause de sa mélancolie et de sa mauvaise
humeur ? On serait tenté de le croire à la malignité avec
laquelle il en parle :

> Aussi bien laides que belles
> Contrefont les dangereuses
> Et souvent les précieuses :
> Ilz ont les manières telles.
>
> Pareillement les pucelles
> Deviennent tantost honteuses :
> Aussi bien laides, etc...
>
> Les vieilles font les nouvelles
> En paroles gracieuses
> Et accointances joyeuses :
> C'est la condicion d'elles,
> Aussi bien laides que belles.

Il ne s'était jamais rien permis de si violent contre la
plus belle moitié du genre humain. — Le rondel 108,
p. 306, offre une autre esquisse morale tracée d'après
nature : l'original en posa dans la cour du prince et sous
ses yeux ; j'ai eu l'occasion de le nommer ci-dessus, en
disant à quels traits il est reconnaissable.

Le calme, la gaieté même est revenue au poète : on le
voit à ce langage :

> Que nous en faisons
> De telles manières
> Et doulces et fières
> Suivant les saisons !

En champs ou maisons
Par boys et rivières
Que nous en faisons
De telles manières !

Le jour de St-Valentin est de retour ; mais le poète
est vieux : plus d'amour. Que les jeunes gens s'ébattent
comme ils le voudront ; pour lui, il aime mieux dormir
que de se réveiller si matin. Il est sourd à de si menus
plaisirs : l'indolence lui va à merveille, et il ne s'inquiète
pas pour si peu de chose :

Comme ung chat suis vieil et chenu ;
Légièrement pas ne m'esveille.

Toute sa vie il s'est montré mystérieux : sa longue expérience des choses ne l'a point fait changer, tant s'en
faut :

Quelque chose derrière
Convient tousjours garder :
On ne peut pas monstrer
Sa voulenté entière.

Peut-être avait-il plus de raisons que jamais pour parler
ainsi. Il y avait toujours malaise dans le royaume : des
désirs vagues, mais inquiétants, continuaient de fer-
menter dans l'esprit des princes et des seigneurs du
royaume. Charles d'Orléans avait, jusque-là, contribué
par sa sagesse à prévenir une explosion, et Charles VII
lui en témoigna toute sa reconnaissance ; mais il com-

mençait à se sentir débordé. Le rondel suivant est une
allusion manifeste aux événements politiques :

> Que cuidez-vous qu'on verra
> Avant que passe l'année ?
> Mainte chose démenée
> Estrangement, çà et là,
>
> Veu que des cy et desçà
> Court merveilleuse brouée :
> Que cuidez-vous, etc.
>
> Viengne qu'advenir pourra :
> Chascun a sa destinée,
> Soit que desplaise ou agrée.
> Quant nouveau monde vendra
> Que cuidez-vous qu'on verra ?

Ce nouveau monde était sans doute celui qu'allait inau-
gurer l'avénement de Louis XI. Nous serions alors
en 1461, et Louis XI pourrait bien être le renard de cet
autre rondel :

> Quant oyez prescher le regnart
> Pensez de voz oyes garder, etc. (1).

Tout cela lui cause du souci, et il se plaint de nouveau.
Fortune, il est vrai, lui *sourit de l'œil; mais c'est feinte.*
Il se forge pourtant des idées qui charment un moment
ses ennuis : quel plaisir, quand il se sentira porté sur

(1) Page 347.

des ailes et qu'il pourra prendre son essor à travers les airs !

Chemin de plaisant vent tendray (1) :

il lui avait fallu si longtemps *garder la mue !*

Le rondel 134, *p.* 319, est la preuve que Louis XI venait de monter, en effet, sur le trône ; car le poète nous dit qu'il revient de **Tours** à **Blois** ; or on sait que n'ayant pu, à cause de ses infirmités, assister au sacre du nouveau monarque, il avait du moins accompagné la cour en Touraine. C'est à ce voyage que se rapporte ce rondel. Dans le suivant il revient, comme souvent, au débat de son cœur et de ses yeux ; l'œil dit : nous serons amoureux ; le cœur dit : je ne le veux pas. Cependant il ne peut entendre les amants parler d'amour, sans se rappeler en soupirant le temps passé ; et il veut prendre la parole à son tour : il en sait tant sur ce sujet (2) !

En prenant congé des dames dans la société desquelles il a passé quelque temps en Touraine, il ne manque pas de leur adresser quelques galants couplets. Peu après, nous le voyons à Orléans, où il ne fait guère que passer, parce que les divertissements auxquels on s'y livrait le fatiguaient et que, d'ailleurs, des raisons pressantes le rappelaient à Blois. De retour dans son château, il continue d'y composer force rondels ; mais un grand nom-

(1) Tiendrai.
(2) Rondel 144, *p.* 324.

bre d'entre eux ne peuvent offrir aucun intérêt ; car,
bien que le style en soit élégant et harmonieux, ils rou-
lent sur des sujets rebattus et ne nous offrent pas d'idées
ou d'images que nous ne connaissions déjà. Le poète
commence à se survivre : il a presque dit tout ce qu'il
pensait ; pardonnez-lui ses redites et sa monotonie. Il a
fourni une bien longue carrière : il revient sur ses pas,
c'était inévitable ; il nous parle même d'amour presque
comme autrefois ; mais c'est par badinage. Un vieillard
aime causer, et pourvu qu'il le fasse agréablement, cela
doit nous suffire. Les plus grands plaisirs mêmes, quand
ils sont trop répétés, deviennent fatigants : le moyen de
ne pas s'en dégoûter, c'est de n'en jouir que par inter-
valles. Ainsi en est-il des rondels de notre poète : si vous
en lisez trop d'une haleine, vous risquez d'en ressentir
de l'ennui ; mais sachez interrompre à temps votre lecture et vous y trouverez presque toujours un agréable
délassement ; car il n'en est guère qui, si non pour le
fond, du moins pour la forme, n'aient le don de plaire.
Nous donc aussi, qui dans l'examen de ces poésies cher-
chons d'une part l'histoire du poète et de l'autre un objet
d'étude littéraire, nous devons laisser de côté, non pas
comme une production sans mérite, mais comme un luxe
inutile et une abondance superflue, tout ce qui ne nous
offrira pas quelque chose de neuf comme fait, comme
idée, comme expression ou comme image. Ainsi, du 145ᵉ
rondel, dont nous avons parlé en dernier lieu, nous sau-
tons au 159ᵉ, pour n'en extraire encore que ce vers :

Par m'ame, s'il en fust en moy.

Faut-il voir là un doute du philosophe, ou une plaisanterie du poète? Toujours est-il que la réflexion a lieu de
surprendre dans un écrivain du XVe siècle ; on se croirait
presque au temps de Voltaire.

Charles d'Orléans compte maintenant soixante-onze
ans ; il est du nombre des vieillards *aux mentons chanus.*
Cela ne l'empêche pas, disions-nous, de parler d'amour,
au moins par souvenance, et d'en parler même avec
beaucoup de grâce. Sa sensibilité est toujours vive : en
présence de la beauté il ne peut se défendre d'une sorte
de trouble et d'émotion ; il est *il ne sait comment*, dit-il,
tout ravi. Il a beau tancer ses yeux, ils *trottent* toujours
malgré lui, et son cœur n'évite qu'avec beaucoup de
peine les piéges qu'ils lui tendent. S'il avait moins de
raison, il ferait encore des folies ; il regrette le temps
passé ; mais il se résigne :

Qui ne peut, ne peut; si s'appaise.

La résignation était une de ses vertus.

Tout en devisant d'amour le prince versifie des pensées morales et des proverbes :

L'abit le moine ne fait pas,
L'ouvrier se congnoist à l'ouvrage, etc. (1).

(1) Page 346.

Enfin se présente un petit rondel — c'est le 188ᵉ — qui tranche complétement sur ceux qui l'accompagnent. Il est vif et pétillant d'esprit. C'est une fleur qui a gardé tout son éclat au milieu d'un parterre un peu flétri par le retour de saison :

> Crié soit à la clochete
> Par les rues, sus et jus (1)
> Fredet; on ne le voit plus :
> Est-il mis en oubliete?
>
> Jadis il tenoit bien conte
> De visiter ses amis;
> Est-il roi, ou duc, ou conte,
> Quant en oubli les a mis?
>
> Banny à son de trompette
> Comme marié confus,
> Entre chartreux et reclus
> A-t-il point fait sa retraite?
> Crié soit à la clochete.

Il nous apprend, au rondel 202, qu'étant entré au *jardin de sa pensée*, il n'a pu retenir ses larmes en le voyant tout dévasté :

> En gast fleurs et arbres trouvay.

Il prévient donc les reproches que l'on était en droit de lui adresser, en allant lui-même au-devant. D'ailleurs

(1) En haut et en bas.

il suffit que le beau temps revienne pour tout réparer : le beau soleil lui rend la vie ; la joie même lui revient, et la beauté peut le ravir encore :

> Qui est cellui qui d'amer se tendroit (1)
> Quant beaulté fait de morisque (2) l'entrée,
> De plaisance si richement parée ?
>
> . . . .
>
> Cueur demy mort les yeulx en ouvreroit.
>
> . . . .
>
> Lors quant Raison enseigner le vendroit,
> Il lui diroit : A ! vieille rassotée !
> Laissez m'en paix, vous troublez ma pensée, etc.

Néanmoins ses gémissements recommencent bientôt, parce que la mélancolie est la plus forte. Quand il souffre, il compare d'habitude ses misères à celles d'autrui, et cela lui donne plus de courage à les supporter ; mais il lui arrive aussi de comparer son sort à celui de gens plus heureux que lui ; alors l'injustice de la fortune contribue à aigrir ses plaintes : pourquoi faut-il qu'il soit plus malheureux que tout autre ? Pourquoi faut-il qu'il ait une vieillesse si douloureuse, lui qui a dépensé sa jeunesse dans un si long ennui ?... Mais ce serait être *bête*, ce serait se *rompre la tête* en vain que de vouloir corriger la fortune. Que fera donc le philosophe ? Laissant là les folies et les frivolités d'ici-bas, il veut désor-

(1) Tiendrait.
(2) Mauresque, sorte de danse.

mais user sa vie dans l'ermitage de Nonchaloir, et là, enveloppé d'une stoïque indifférence, il attendra la mort dans un divorce complet avec le monde qu'il méprise. — Ainsi l'aiguillon de la douleur et l'iniquité de la fortune le font aboutir à une résignation misanthropique. Nous ne lui connaissions pas encore ce caractère : jamais il n'a été si sérieux. Il conserve ce ton incisif, cet accent d'un cœur irrité, même quand il reparle de cette Saint-Valentin, qui était d'ordinaire pour lui l'occasion d'une fine plaisanterie ou d'un gracieux rondel d'amour :

> Est-ce tout ce que m'apportez
> A vostre jour Saint Valentin ?
> N'auray-je que d'espoir butin,
> L'attente des desconfortez ?
> . . . .
> Nulle rien ne me rapportez
> Fors bona dies en latin,
> Vieille relique en vieil satin.

Cependant il n'est peut-être pas encore si courroucé que vous le pourriez croire : nous l'eussions pris, tout à l'heure, pour un stoïcien au front impassible et sévère ; mais ne s'est-il point joué de nous? Car il n'a pas été seulement à l'école de Zénon : en voulez-vous la preuve? Placez devant lui une table bien servie : la vue de quelques friands morceaux le déridera sur-le-champ. Il a encore ce point de commun avec Horace, qu'il ne fait pas plus difficulté que lui de se reconnaître, à l'occasion, pour un disciple d'Epicure : témoin le rondel 222, *p.* 368, et le rondel 230 que voici :

Soupper ou baing et disner ou bateau,
En ce monde n'a telle compaignie;
L'un parle ou dort et l'autre chante ou crie;
Les autres font balades ou rondeau.

Et y voit-on du vieil et du nouveau :
On l'appelle le desduit (1) de la vie...

Il ne me chault (2) ne de chien ne d'oiseau;
Quant tout est fait, il fault passer sa vie
Le plus aisé qu'on peut à chière lye, etc...

Vive le plaisir et la bonne chère ! Tel est maintenant le cri de ralliement du vieux poète : bannissons la mélancolie, et les chagrins et les soucis; tout cela abrége la vie et en gâte les charmes. En hiver, mangeons chaud, et en été, buvons frais : voilà le bonheur, ou il ne s'y connaît pas :

En yver, du feu ! du feu !
Et en esté boire ! boire !
C'est de quoy on fait mémoire
Quant on vient en aucun lieu.

. . . .

Chaulx morceaulx faiz de bon queu (3)
Fault en froit temps, voire ! voire !
En chault, froide pomme ou poire :
C'est l'ordonnance de Dieu.

(1) Plaisir.
(2) Soucie.
(3) Cuisinier.

Ne croirait-on pas lire quelques joyeux couplets de notre chansonnier populaire, et M. Michelet a-t-il eu si grand tort d'appeler Charles d'Orléans notre Béranger du xvᵉ siècle ? Ah ! s'il pouvait rajeunir, comme il jouirait agréablement de la vie ! Mais la mélancolie vient si souvent *gâter son ménage !* Il la chasse *comme un chien enragé;* du reste, la St-Valentin elle-même n'est pas mieux venue de lui : il lui ferme également sa porte : elle vient le réveiller trop matin :

> A présent nully ne demande
> Fors bon vin et bonne viande,
> Banquetz et faire bonne chière, etc.

Car *de la panse vient la danse,* comme dit Villon. Pardonnez-lui ces goûts un peu épicuriens : il est plus que septuagénaire. Si les plaisirs de la table ont des charmes, pourquoi, demande Caton, la vieillesse serait-elle privée de cette sorte de jouissance? « J'aime, je l'avoue, ces royautés de table instituées par nos ancêtres... J'aime, comme dans le banquet de Xénophon, ces petites coupes qu'on vide goutte à goutte; *le frais en été, en hiver le soleil ou le coin du feu.* Voilà ma manière de vivre à ma campagne de Sabine [1]. » Ne dirait-

(1) Me vero et magisteria delectant, a majoribus instituta; et is sermo, qui, more majorum, a summo adhibetur in poculis; et pocula sicut in Symposio Xenophontis est, minuta atque rorantia; et refrigeratio æstate, et vicissim aut sol aut ignis hibernus. Quæ quidem etiam in Sabinis persequi soleo... (Cic. *De Senectute*, XIV, 46.)

on pas que certains passages de Charles d'Orléans sont inspirés de ce langage du vieux romain [1]? Le bon vin et la bonne viande sont nécessaires pour rendre un peu de vigueur à ce corps affaibli par le poids des ans.

> Tractari mollius ætas
> Imbecilla volet,

nous dit Horace. Le prince vante naïvement ce qui lui fait du bien; mais il n'est pas pour cela moins sage que par le passé, et il vous donnera encore de ces excellents conseils moraux que vous avez déjà souvent reçus de sa bouche et qui gagnent tant à être exprimés par lui.

> Escolez et laissez dire,
> Et en voz mains point n'empire :
> Le mal, retournez le en bien.
> Tout yra, n'en doubtez rien,
> Si bien qu'il devra suffire.
>
> Dieu, comme souverain mire (2)
> Fera mieulx qu'on ne désire
> Et pourverra : tout est sïen.
>
> . . . .
> Escolez et laissez dire ;
>
> . . . .
> Car après pleurer vient rire.

Le mélancolique vieillard semble reverdir encore avec

---

(1) Le *De Senectute* était un des livres de la bibliothèque du prince.

(2) Médecin.

le mois de Mai; pour montrer qu'il fut jadis du nombre des galants, il veut le redevenir cet été : le voilà prêt à s'ébattre par champs et par bois... Ce retour de jeunesse nous plaît; mais il s'y mêle un pressentiment pénible. Ne serait-ce point un signe précurseur de la mort?

Il paraît que ses forces avaient trahi son espérance et ses désirs : car Vieillesse lui a commandé, dit-il, de laisser toute prouesse aux jeunes gens; et il ajoute avec un accent qui exprime la tristesse et les regrets.

> Fyez-vous y, se vous voulez,
> En Espoir qui tant promet bien :
> . . . .
> Quant les oiseaulx s'en sont vollez,
> Fyez-vous y, se vous voulez !

Il n'est plus qu'une *monnaie décriée*, qu'une vieille *ferraille* dont Amour ne tient plus compte; il ne prend plus plaisir qu'en pensées du temps passé. Mais il n'est pas seul dans son château que la vieillesse ait rendu *chanu* et qui ait par conséquent besoin de repos. Briquet, son brave compagnon de chasse d'autrefois, n'est plus jeune non plus; mais il a bien mérité de son maître qui a trouvé en lui une affection loyale, *un cœur tout sien*, comme il le rêva toujours : aussi comme il l'aime, comme il le respecte, quelle pathétique tendresse il lui montre ! Ce vieux couple d'amis fait plaisir à voir :

> Laissez Baude buissonner,
> Le vieil Briquet se repose;

> Désormais travailler n'ose,
> Abayer, ne mot sonner.
>
> On lui doit bien pardonner :
> Ung vieillart peut pou de chose :
> Laissez Baude, etc.
>
> Et vieillesse emprisonner
> L'a voulu en chambre close ;
> Par quoy j'entens que propose
> Plus peine ne lui donner :
> Laissez Baude buissonner.

Voilà du moins un ami fidèle, mais malheureusement un peu dormeur. Le vieillard aimerait plus de mouvement autour de lui : une compagnie un peu bruyante lui est nécessaire pour égayer ses vieux jours ; il s'ennuie quand il est seul ; mais qu'il entende rire, parler, chanter, crier, cela chasse la mélancolie. Aussi pourquoi cette sotte compagne se fait-elle si familière avec lui ; pourquoi vient-elle toujours, sans en être priée, *troubler la fête de joie?*... L'indiscrétion de ses yeux ne lui cause guère moins de dépit ; jusqu'à son dernier souffle ils feront la guerre à son cœur :

> Ils crient : resveille qui dort !
> Lors le cueur ne dort pas si fort.
> Qui ne dye : j'oy compter rage.
> . . . .
> Adoncques désir picque et mort,
> Savez comment, jusqu'à la mort.

Quand d'autres distractions lui manquent, son bonheur

est de *jouer à sa pensée*, de faire, comme il le dit, des
châteaux en Espagne et en France ; mais lorsque son rêve
est fini et qu'il revient au sentiment de la réalité, il soupire et un cri plaintif s'échappe de sa poitrine :

A ! que vous m'ennuyez Vieillesse !

Il ne se contient plus, il va perdre patience. Sur qui
se déchargera sa colère ? Ce sera encore sur les menteurs.
Jamais il ne trouva plus d'énergie pour flétrir leur odieux
métier [1].

Quels peuvent être ces menteurs contre lesquels Charles d'Orléans s'emporte avec une si violente indignation ?
Ne seraient-ce point encore ces seigneurs turbulents
qui, pour bouleverser l'état et susciter des embarras
au roi, ne reculaient pas même devant la calomnie ?
Nous sommes vraisemblablement en 1464. C'est une
époque de funeste mémoire pour notre poète : c'est cette
année-là que Louis XI, écoutant les suggestions dont il
avait peut-être été le secret instigateur, résolut de déclarer la guerre au duc de Bretagne. On sait que le duc
d'Orléans, ne cédant qu'à son amour pour la paix et à
son patriotisme, eut le courage de se faire transporter, en
plein hiver, jusqu'à Tours où étaient assemblés les Etats,
pour les éclairer de son expérience et de ses lumières. La
droiture de son cœur, la pureté de ses intentions, l'es-

(1) Rondel, 282, *p.* 398.

time que faisait publiquement de lui le monarque, l'affection même et le respect qu'il lui avait témoignés, tout lui faisait croire qu'il pouvait en confiance lui adresser quelques conseils modérés; mais il ne connaissait pas cette âme à double fond, et il se vit condamné à aller bien vite dévorer dans l'obscurité de la retraite l'affront fait à ses cheveux blancs. Le coup qu'il en ressentit était plus que profond : il était mortel. On sait qu'il ne fut pas donné au prince d'aller rendre le dernier soupir au château de ses pères : il expira en route.

On n'aurait pas prévu quelques mois plus tôt une fin si triste ni si prochaine; sa santé était relativement bonne; elle lui avait même permis, il paraît, de faire un nouveau voyage par un temps fort rude ; car il souhaite que Dieu récompense ceux qui comme lui et sa suite sont ainsi tourmentés par le vent, la neige et la pluie. Si les allusions ne nous trompent pas, il s'était rendu à Paris, près de la cour, où l'avaient fait probablement appeler les préoccupations politiques qui mettaient les princes en mouvement. Il y paraissait par devoir, mais non par goût ; car, devenu *vieil, sourt et lourt*, il en fuyait de son pouvoir les soucis [1]. Il aurait voulu avoir moins de cœur, afin de ne jamais se mêler des affaires des autres; il savait qu'on s'en peut repentir; l'abstention était même un des principes de sa morale, nous l'avons vu; mais la sagesse portée à ce point est de l'égoïsme, et chez lui

_____

(1) V. Rond. 287 et 292, *p.* 400 et 403.

l'impulsion du cœur démentit toujours, dans la pratique, les calculs de la raison :

> Tais-toy, cueur, pourquoy parles-tu ?
> C'est folie de trop parler.
> . . . .
> Pense de toy reconforter.

Il eut beau réprimer ses élans, son cœur parla toujours et lui fit sacrifier son intérêt propre dès qu'il put espérer que son initiative serait utile au bien de tous. C'est sa générosité qui le perdit : jeune, elle le fit gémir vingt-cinq ans en prison ; vieux, elle abrégea ses jours en en brisant tout-à-coup la chaîne.

En quittant Paris et la cour, le prince en avait oublié les tracas ; déjà il vogue gaiement sur la Loire d'Orléans à Blois [1] ; et cependant il faisait bien froid pour voyager, surtout à son âge ; aussi aimerait-il mieux se voir encore à Paris, auprès du feu :

> Nostre prouffit veulent peu
> Qui en ce point nous ont mis,

dit-il. C'est la cour, certainement, qui l'avait appelé pour s'éclairer de ses avis ; il y avait des intrigues à dénouer, des faits et des paroles à expliquer ; le duc ne pouvait refuser son concours : telle est du moins l'interprétation que j'ose donner à la fin de ce rondel 294ᵉ, *p*. 404 :

---

(1) Rond. 290, *p*. 402.

> Deslyer nous faut ce neu
> Et desployer faiz et dis,
> Tant qu'aviengne mieux ou pis
> Passer nous fault par ce treu :
> M'appellez-vous cela jeu ?

Ce voyage ne l'avait point abattu ; on dirait, au contraire, qu'il y eût puisé de nouvelles forces. Depuis qu'il est vieux, nous n'avons jamais vu plus de calme dans son âme, plus de sérénité sur son visage. Il sourit gracieusement au retour de la belle saison, et il trouve, pour la peindre une dernière fois, une imagination aussi fraîche, un pinceau aussi léger, des couleurs aussi brillantes qu'à l'époque de ses plus beaux jours :

> Les fourriers d'esté sont venuz
> Pour appareiller son logis,
> Et ont fait tendre ses tappis
> De fleurs et verdure tissuz.

> En estandant tappis veluz
> De verte herbe par le païs,
> Les fourriers, etc.

> Cueurs d'ennuy piéçà (1) morfonduz,
> Dieu mercy, sont sains et jolis ;
> Alez-vous en, prenez païs,
> Yver, vous ne demourez plus :
> Les fourriers d'esté sont venuz.

(1) Depuis longtemps.

Il passe le mois de Mai à l'abri du souci et de la douleur;
que pouvons-nous lui souhaiter de mieux?

> Ce moys de May ne joyeulx ne dolent
> Estre ne puis; au fort, vaille que vaille;
> C'est le meilleur que de rien ne me chaille;
> Soit bien ou mal, tenir m'en fault content.

> Je laisse tout courir aval le vent,
> Sans regarder lequel bout devant aille, etc.

Rien n'altère maintenant la tranquillité dont il jouit,
pas même un regret de jeunesse, pas même un souvenir
d'amour : l'amour, dit-il,

> Certes je ne m'en fais que rire.
> . . . .
> Quant j'oy un amant qui souspire,
> A! ha! dis-je, vela des tours
> Dont usay en mes jeunes jours :
> Plus n'en vueil, bien me doit souffire.

Faut-il donc que nous renoncions à la douce intimité
d'un si aimable vieillard? Faut-il que nous lui disions
enfin un éternel adieu! Nous n'avons plus que quelques
paroles à recueillir de sa bouche : est-ce un pressentiment qui lui inspire une mélancolie si touchante; est-ce
le chant du cygne qu'il va nous faire entendre?

> Saluez moy toute la compaignie
> Où à présent estes à chière lye,
> Et leur dictes que voulentiers seroye

Avecques eulx ; mais estre n'y pourroye
Pour Vieillesse, qui m'a en sa baillie.

Au temps passé Jeunesse si jolïe
Me gouvernoit, las ! Or n'y suis-je mye,
Et pour cela, pour Dieu ! qu'excusé soye !
Saluez moy toute la compaignie.

Amoureux fus, or ne le suis-je mye,
Et en Paris ménoye bonne vie :
Adieu, bon temps ! Ravoir ne vous sauroye !
Bien sanglé fus d'une estroite courroye,
Que par aage convient que la deslie :
Saluez moy toute la compaignie.

Tels furent comme les derniers adieux du poète.

La fin de Charles d'Orléans laisse dans l'âme une douloureuse émotion. Pourquoi faut-il qu'une existence si pacifique ait été si brusquement tranchée ? Nous eussions voulu le voir s'éteindre doucement dans la paix du foyer domestique. Quelques mois avant sa mort, la vie du poète était calme comme ses vers, et sans la brutalité d'un méchant prince on eût pu dire de lui avec bonheur :

Rien ne trouble sa fin, c'est le soir d'un beau jour.

IV.

RÉSUMÉ ET CONCLUSION.

—

Qu'il me soit permis, en terminant l'examen des poésies de Charles d'Orléans, de rappeler ce que j'ai dit dès le début : que l'usage de l'allégorie n'affadit point autant qu'on l'affirme généralement les compositions du prince poète. Bel-accueil y apparaît à peine; Dangier n'y est qu'un personnage muet, comme tous les autres; Espoir, Reconfort, Nonchaloir, Jeunesse, Soussy, Mérencolie, Vieillesse, etc., y sont moins des acteurs allégoriques que de simples personnifications d'êtres abstraits. Quel est le poète qui n'anime pas tout ce qu'il touche ? M. D. Nisard [1] remarque, du reste, que Charles d'Orléans a mis une sorte de perfection dans ce personnel

(1) Hist. de la littérature française, t. I, p. 155.

d'êtres allégoriques, et qu'il y a établi une hiérarchie
plus raisonnée : « à chacun des nouveaux personnages
qu'il introduit sur la scène, répond ou quelque sentiment
vrai omis par ses prédécesseurs, ou quelque nuance
mieux observée, ou une gradation plus exacte. » Il faut
lui en faire un mérite. Il y a des allégories fatigantes et
ridicules, à savoir, celles dont les types sont empruntés
aux subtilités de la métaphysique et aux mignardises du
sentiment : ce ne sont pas celles de notre poète ; enfin,
je le répète, quand l'allégorie apparaît chez lui, elle dure
si peu, qu'elle n'a pas le temps de faire naître l'ennui.

Les sujets qu'il traite, en effet, sont très courts : c'est
tantôt un soupir d'amour, tantôt un trait de satire ou de
sentiment, tantôt une pensée morale, tantôt enfin une
plainte mélancolique. L'auteur se garde bien d'insister
outre mesure sur de tels sujets ; il les renferme tous dans
un cadre fort étroit ; il est sobre de détails et ne donne
jamais plus de développements à sa pensée que n'en exigent le goût et la convenance. Autant que La Fontaine,
il a horreur des ouvrages de longue haleine.

> Les longs ouvrages me font peur ;
> Loin d'épuiser une matière,
> On n'en doit prendre que la fleur.

Telle était la maxime du fabuliste : c'était celle aussi du
vieux chansonnier. Nous avons déjà signalé une certaine
conformité entre les caractères de ces deux hommes ; il
existe aussi des rapports de ressemblance entre leurs

poésies. D'abord le langage de La Fontaine, par ses archaïsmes, se rapproche un peu de celui de Charles d'Orléans; ils ont l'un et l'autre des personnages allégoriques qu'ils font parler chacun à sa manière; tous deux possèdent le talent descriptif : tous deux savent peindre des caractères et les soutenir parfaitement; la pensée morale ne fait guère plus défaut chez l'un que chez l'autre; tous deux, enfin, se font remarquer par une élocution facile, par le naturel et la naïveté. L'apologue de La Fontaine, dit-on, tient à l'épopée par le récit, au genre descriptif par les tableaux, au drame par le jeu des personnages et la peinture des caractères, à la poésie gnomique par les préceptes : on pourrait extraire des poésies de Charles d'Orléans, et on l'a fait en partie, un choix de pièces capable de former encore un volume respectable duquel on pourrait dire presque la même chose. La Fontaine fit quelques tentatives dramatiques, il échoua; Charles d'Orléans voulut un jour s'élever jusqu'aux hautes spéculations de la philosophie de l'histoire, il échoua aussi. Ils possédaient l'un et l'autre une veine facile et ingénieuse; mais ils avaient un cercle tout tracé qu'ils ne devaient pas franchir; l'un excella dans la fable, le conte, et l'épître galante; l'autre dans la ballade, le rondel et la chanson. Je ne prétends point, par ce rapprochement, assimiler Charles d'Orléans à La Fontaine; mais peut-être, pour devenir un La Fontaine, ne manqua-t-il au prince que d'être né, comme lui, deux cent trente ans plus tard. Boileau a dit :

Je hais ces vains auteurs dont la muse forcée
M'entretient de ses feux, toujours froide et glacée;
Qui s'affligent par art, et, fous de sens rassis,
S'érigent, pour rimer, en amoureux transis.
Leurs transports les plus doux ne sont que phrases vaines;
Ils ne savent jamais que se charger de chaînes,
Que bénir leur martyre, adorer leur prison,
Et faire quereller les sens et la raison.

Il n'a point fait ces vers à l'adresse des poésies de
Charles d'Orléans, qu'il ne connaissait pas; mais serait-il juste d'appliquer les reproches qu'ils contiennent
à une partie des compositions de ce poète? Oui, si ses
ballades amoureuses ne sont qu'un jeu frivole de l'imagination; non, si l'on veut reconnaître que sous la fiction
de l'amour se cache l'histoire d'un homme, d'un de nos
semblables qui s'est servi de l'allégorie, comme La Fontaine de l'apologue, pour exhaler ses plaintes et peindre
à ceux qui le pouvaient entendre des vérités et des sentiments qu'il n'aurait su exprimer d'une manière plus ouverte. Je ne le conteste point, pourtant: quelquefois il
s'afflige par art, quelquefois il est fou de sens rassis; c'est
là un de ses mauvais côtés; mais bénit-il son martyre,
adore-t-il sa prison? Jamais. Il a sacrifié au goût de son
siècle: faut-il s'en étonner? C'est le contraire qui aurait
lieu de surprendre. Les traces d'affectation sont trop rares
chez lui pour qu'on ait le droit de le juger par là et de
lui en faire un reproche général. Soyons justes, et n'allons pas le caractériser par ce qu'il a de mauvais, puis-

que c'est une exception très petite. A mesure qu'il avance en âge, il s'affranchit de plus en plus des subtilités de l'esprit de son siècle : il faut lui savoir gré de ses efforts.

Si l'on recherche, dans la poésie du xive et du xve siècle, ce qu'était l'invention, le fonds des idées, on trouve cette poésie bien stérile et bien pauvre : rien, ou presque rien de vraiment sérieux dans les productions de cette époque. L'inspiration poétique paraît éteinte. Sur ce point, je ne saurais faire d'exception même en faveur de Charles d'Orléans : à part trois ou quatre ballades qui se rapportent plus particulièrement à un objet d'intérêt public, le tissu de toutes ses pièces est quelque chose d'extrêmement frêle et délicat. On regrette qu'un homme de talent, qu'un prince ait dépensé tant d'esprit à rimer des bagatelles et à tourner de jolis riens. C'est moins sa faute que celle d'une époque où l'intelligence de nos pères, du moins dans la société laïque, semblait avoir abdiqué.

Ces réserves faites, il faut reconnaître à Charles d'Orléans le mérite d'avoir su, tout chevalier qu'il était, se garder avec soin, même en chantant sa dame, de cette exagération de sentiments si ordinaire aux poètes des cours d'Amour, et d'avoir dépouillé toutes les couleurs de cette adoration factice, pour se tenir dans le ton des affections communes et naturelles. Sa pensée n'est pas profonde, sans doute; mais il a néanmoins beaucoup de ces idées générales, c'est-à-dire, philosophiques, qui font vivre un auteur, parce qu'elles font réfléchir, parce qu'elles peignent notre nature, parce que l'humanité s'y reconnaît. Il a une sagesse pratique à l'usage de tout le monde, non pas cette sagesse transcendante et idéale, telle que l'entendent ces subtils docteurs dont nous parle Cicéron, et à laquelle personne n'a jamais atteint, mais cette sagesse aimable et accessible à tous, dont se contente la vie commune et dont chacun peut parler avec ce gros bon sens que nous possédons tous. Sa morale n'a rien d'austère; elle ressemble plutôt à celle d'Horace [1], et elle n'en a que plus de charmes. C'est un poète agréable et spirituel, facile, ingénieux, fécond, varié, plein d'enjouement et de mélancolie, sachant passer, comme le veut Boileau, du grave au doux, du plaisant au sévère. Il a parfois de la vivacité, mais point de fureur; son émotion est généralement douce, quelquefois pathétique; sa plainte va même jusqu'à arracher des larmes, quand la souffrance qui en est la source est trop vive. Il y a des temps où sa vie est monotone; ses poésies s'en ressentent, parce qu'elles en sont le fidèle miroir. La tristesse tient une large place dans les compositions du prince; mais elle est de temps en temps interrompue par une fine plaisanterie, par une raillerie mordante, par une gaieté folle qui dissipe tous les nuages de sa pensée.

Ce qui plaît en lui, c'est qu'il met de l'âme dans tout ce qu'il dit, et quelle âme tendre et impressionnable que

[1] Les œuvres d'Horace figuraient dans la bibliothèque du prince.

la sienne! Quelle affection il nous montre pour son vieux
Briquet! Avec quelle sensibilité il nous peint les charmes
de la nature! Quelle haine vigoureuse contre les méchants! Comme il se moque spirituellement des femmes
coquettes, des amoureux et de lui-même! Est-il moins
agréable quand il vante le coin du feu, les douceurs du
repos, la chasse, la pêche et les plaisirs de la table?

Vous le connaissez dans le plaisant et le doux; mais
ce n'est pas là toute sa personnalité : quand il parle de
sa jeunesse passée, du temps qui s'enfuit, de l'imperfec-
tion de notre nature, de la vanité des choses humaines,
des infirmités de la vieillesse et de la nécessité de mourir, alors les illusions s'évanouissent, les ris moqueurs,
les jeux de l'imagination, les saillies de l'esprit, tout
disparaît pour ne laisser place qu'aux réflexions sérieu-
ses, qu'à une gravité touchante, qu'à une mélancolie
profonde. Je ne puis résumer ici toutes les pensées morales éparses dans les vers du poète; je rappellerai du
moins ses sentiments patriotiques qu'on a voulu méconn-
naître. Après avoir fait sentir, dans une ballade que j'ai
signalée, la nécessité de la paix, il s'en fait dans toutes
les occasions le satellite le plus vigilant, le champion le
plus dévoué; quand le roi Charles VII recouvre enfin sur
l'ennemi ses plus belles provinces, le poète célèbre dans
une ode magnifique la gloire des armes françaises, et
quand cette paix si chère à la France et au prince menace de se voir troublée, il met au service de sa patrie
sa sagesse, sa modération et ses conseils; il s'élève entre

le souverain et les seigneurs comme l'arbitre de la concorde, comme le soutien de la vérité et de la justice.
Les chroniques sont là pour l'attester, nous l'avons vu ;
et ses poésies achèvent de nous apprendre ce que n'a
pas dit l'histoire.

On a donc eu tort d'affirmer que *tout* ce qu'a composé
le prince n'était qu'un *amusement frivole*. Assurément
un grand nombre de ses pièces ne valent pas la peine
qu'elles ont dû coûter à faire ; mais qui est-ce qu'on lui
oppose pour lui reprocher de n'avoir pas d'invention ?
C'est le poète des rues de Paris. En vérité je ne vois pas
en quoi François Villon se montre, à cet égard, supérieur
au poète royal. Charles d'Orléans ne brille pas par l'invention ; mais il me semble qu'il en a plus que Villon.
Je n'en veux pour témoin que ce poème, tout allégorique
qu'il soit, dans lequel il nous fait le récit de son entrée
au service du dieu d'Amour et ensuite de sa *départie d'A-
mour*. C'est là une véritable composition littéraire, c'est
un drame complet, possédant toutes ses parties parfaitement agencées. Il y a de l'invention dans l'ensemble, de
l'invention dans les détails ; chaque personnage joue un
rôle bien déterminé et y reste très fidèle ; tout est en action ; le discours s'y mêle au récit, et les nombreuses
réflexions morales que le poète y sème ne manquent ni
de justesse, ni de profondeur. C'est tout un poème qui
compte plus de mille vers ; c'est plus que le tiers de tout
ce qui est sorti de la plume de Villon. Clément Marot
trouva même assez de charmes dans cette fiction pour

l'imiter dans son *Temple de Cupido*. Rien de pareil dans
Villon : point de plan, point d'unité, point d'ordre, en
rien et nulle part. M. Campaux l'a dit, ses huitains sont
une *procession de carnaval*. Villon n'avait pas d'invention ; il n'a guère fait que développer des idées dont un
grand nombre ne lui appartenaient même pas. La ballade des *dames du temps jadis* peut être considérée
comme son chef-d'œuvre : il en a emprunté l'idée à
Charles d'Orléans et il n'a rien su y ajouter ; car toute la
ballade est dans le premier couplet : les autres ne sont
qu'une tautologie. Peut-être ne trouverait-on pas dans
Villon une seule idée générale que n'ait eue avant lui
Charles d'Orléans, dont il fut en partie le disciple.

Ce qu'on peut reprocher à Charles d'Orléans, c'est
une stérile abondance et beaucoup de monotonie. Il a
trop fait de vers pour ce qu'il avait à dire. Je ne lui compare point Eustache Deschamps, Froissart, Christine de
Pisan, Alain Chartier ; ce ne sont pas eux que la critique
moderne lui oppose comme rivaux ; mais ne peut-on aussi
adresser à Villon le reproche d'une stérile abondance ?
N'y a-t-il point de monotonie dans ses éternels *huitains*,
dans cette interminable série de stances toutes composées
de *huit* vers de *huit* syllabes ? Est-ce un cadre poétique
bien gracieux qu'un testament en vers dont presque chaque legs commence par *item*.... *item*.... toujours *item* ?
L'esprit railleur et caustique de ces legs en fait lire un
certain nombre avec plaisir, même en dépit de la langue,
lorsque de sales images ou de grossières équivoques ne

viennent point les souiller : mais l'uniformité du burlesque et de la bouffonnerie fatigue de bonne heure et
finit par devenir encore plus insipide que l'uniformité
des plaintes mélancoliques ou des soupirs d'amour. Le
tort de Villon, ce n'est pas seulement d'avoir traîné sa
muse dans la boue, c'est encore d'avoir abusé à l'excès
du moyen trop facile qu'il a employé pour distiller le
venin de son effrontée et universelle moquerie : cela va
au point de provoquer l'ennui et le dégoût.

Sans cesse en écrivant variez vos discours ,

a dit Boileau : Villon ne connut pas ce précepte. S'il avait
fait autant de vers que son devancier , on n'aurait pas le
courage d'en soutenir la lecture jusqu'au bout, parce que
les quelques inspirations heureuses qu'il a eues sont déjà
épuisées dans ce qu'il a écrit; et comme la beauté de la
forme ne dédommagerait pas de la stérilité du fond, on
laisserait là, de bonne heure, le testateur burlesque et le
peintre cadavérique.

Villon dessine avec plus d'énergie que Charles d'Orléans tous les tableaux que peut inspirer la pensée du
néant et de la mort; mais dans ceux qui demandent une
imagination riante, de l'élégance et de la grâce , il ne
soutient pas la comparaison avec son rival. Il y a même
une chose qui étonne, c'est qu'il est complétement insensible, lui poète , aux beautés éternelles de la nature que
Charles d'Orléans nous représente sous des couleurs si

vives, si variées et si fraîches. Elles n'ont pas inspiré un
hémistiche à Villon, qui ne trouva sur sa palette que des
teintes sombres, sinistres reflets d'une conscience coupable que durent plus d'une fois troubler les remords,
soit dans les cachots de Meung ou du Châtelet, soit dans
ces instants de solitude où, comme on l'a dit, entre un
acte de maraude et une orgie, il lui arrivait de réfléchir
sur le scandale de sa vie et sur la catastrophe qui en pouvait être le dénouement.

Villon manquait donc d'imagination. Quand il avait
pu mettre la main sur un sujet, il ne l'abandonnait pas
sans l'avoir épuisé : témoin encore sa ballade des *dames
du temps jadis*, qu'il refait dans celle des *seigneurs du
temps jadis*, et refait encore *en vieil langage françoys*.
Charles d'Orléans avait plus de goût : il savait s'arrêter
à temps et passer d'un sujet à un autre; si bien que
l'uniformité ne se ferait même pas sentir chez lui, s'il
n'avait pas été plus abondant que Villon. Aussi, pour la
variété, ce n'est point Villon que je comparerais à
Charles d'Orléans; ce serait plutôt Eustache Deschamps,
qui me semble, sur plusieurs points, pouvoir être placé
de niveau avec notre poète. Malheureusement Eustache
Deschamps ne sait pas se garantir de certains mots *crus*,
de certaines expressions obscènes beaucoup trop communes à tous nos vieux poètes. A cet égard, Charles
d'Orléans fait une honorable exception.

Que votre âme et vos mœurs peintes dans vos langages
N'offrent jamais de vous que de nobles images :

avant que ce précepte eût été érigé en règle par Boileau,
il se trouvait en pratique dans Charles d'Orléans. Ce caractère moral, ce respect pour les Muses, que, devançant
le législateur de notre parnasse, Ronsard exigeait déjà
des poètes de son temps, se retrouvent au plus haut degré
dans les œuvres de notre auteur. Personne n'a eu plus de
chasteté dans l'expression, plus de délicatesse dans le
sentiment. Par là, il se distingue de tous ses contemporains et même de tous ceux qui l'ont précédé ou suivi;
par là, il est original.

On loue Villon d'avoir *ramassé la poésie à ses pieds* :
je ne sais si l'on a raison. En effet, y a-t-il plus de mérite à s'inspirer de ce qu'il y a de plus trivial parmi les
hommes, qu'à suivre les Muses dans ce monde poli où
l'on avait coutume de les trouver quand elles ne s'avilis-
saient pas? Entre l'écolier de la cité et le poète de Blois
il existe un contraste absolu : l'un fréquente les tavernes,
l'autre les châteaux; celui-ci est un seigneur, celui-là un
truand; leur naissance, leur vie, leurs habitudes, leurs
mœurs, rien ne se ressemble; et pourtant ils sont tous
deux poètes. Il faut se décider entre les deux sources
d'inspiration où ils ont puisé; elles peuvent avoir l'une
et l'autre leur poésie, leur originalité; au fond il y aura
toujours l'homme pris seulement sous deux aspects très
divers; mais, à priori, tant que le goût, la délicatesse et
la grâce conserveront des charmes à nos yeux, tant que
nous verrons dans la littérature les plus nobles délassements de l'intelligence, le meilleur et le plus digne moyen

d'élever notre nature, d'orner notre esprit et de cultiver notre cœur, ne devra-t-on pas se ranger du parti de Charles d'Orléans contre celui de Villon ?

M. Francis Wey [1] accuse Charles d'Orléans d'avoir été le *pédagogue des Précieuses* : on peut lui appliquer cette qualification, en ce sens, que nous dûmes à leur style, comme le dit M. Wey lui-même, une épuration réelle : le gaulois bravait parfois dans ses excès la délicatesse et la décence; nos pères avaient conservé des traditions du moyen âge, l'usage assez fréquent des termes bas, des locutions crues; ces licences cessèrent d'être tolérées : le style *précieux* était chaste, sévèrement émondé; il prescrivit des limites au vocabulaire des halles et de la place St-Jean [2].

Sous ce point de vue, Charles d'Orléans peut certainement être regardé comme le pédagogue des Précieuses; mais ce n'est pas ainsi que l'entend le critique que nous venons de citer : ce sont les mignardises de leur style qu'il reproche à notre poète, et il ajoute que Charles d'Orléans « n'a pas apporté l'élément d'un progrès dans la forme. Flasque, languissant, sans relief, son parler, dit-il, est le plus faible langage que de Philippe Auguste à François Ier l'on ait aligné sur du vélin. »

Ces paroles me semblent empreintes de beaucoup d'exagération. Sans doute l'expression de Charles d'Orléans a

(1) Hist. des révolutions du langage en France, *p.* 218.
(2) Id., *p.* 496.

peu de force : elle est ingénue, timide, familière ; mais, sans invoquer contre la sévérité de cette critique le témoignage de M. Villemain, qui trouve le langage de notre auteur si aisé, si coulant, si naturel, est-il un poète du siècle de Charles d'Orléans qui ait mieux que lui manié notre idiome, qui l'ait plus épuré, plus assoupli, qui y ait porté plus de clarté, d'élégance et d'harmonie ? « A la seule ouverture du livre, dit M. Vaultier [1], tout le monde se sent comme en pays *limitrophe*, et s'étonne presque de comprendre à peu près tout sans explication. » M. Wey lui-même avoue que « le vers de Charles d'Orléans a déjà la contexture du langage moderne. »

M. de Chevallet fait dater de Charles V la naissance du français moderne [2]. Dans la seconde moitié du XIVᵉ siècle, il s'opère une révolution dans notre langue. L'emploi des cas est abandonné peu à peu : l'*s* cesse de caractériser le nominatif singulier, pour devenir la marque du pluriel [3] ; l'usage de l'article se régularise et se simplifie [4] ; les adjectifs reçoivent un *e* muet final destiné à marquer la différence des genres [5] ; une distinction s'établit entre *notre*, *votre* et *nos*, *vos* [6], etc.;

(1) Hist. de la poésie lyrique en France aux XIVᵉ et XVᵉ siècles, Caen, 1840.
(2) Origine et formation de la langue française, t. III, *p.* 61.
(3) Id., id., *p.* 63.
(4) Id., *p.* 100.
(5) Id., *p.* 114-115.
(6) Id., *p.* 184.

cette époque, enfin, s'inaugure par des tentatives plus heureuses que celles de l'âge précédent, et qui finiront par aboutir au système grammatical que notre langue possède aujourd'hui. Ces progrès de la langue française se remarquent plus particulièrement dans les œuvres du prince que dans celles de tous ses contemporains. M. Vaultier observe [1] que l'articulation matérielle des mots est sensiblement adoucie dans Charles d'Orléans par la contraction habituelle dé presque toutes les *diérèses* en usage dans le passé; il ne la manque jamais dans *aage* et *royne*, où ses prédécesseurs ne la faisaient pas; il écrit bien, du moins ses manuscrits portent *paour*, *raençon, etc.;* mais la contraction est faite. M. Vaultier calcule que sur dix exemples de mots à voyelles groupées, comme *eusse, deusse, vcoir, seoir, fuir*, il y en a rarement deux où le poète n'ait pas fait la contraction.

Au point de vue grammatical, le même critique remarque que les conjonctions et les pronoms conjonctifs et relatifs ont pris dans Charles d'Orléans des formes plus déterminées et moins susceptibles d'équivoque et de confusion.

Clément Marot [2] reproche à Villon d'employer encore force pluriels pour singuliers; en cela son langage est plus vieux que celui de son devancier. Villon ne sait pas faire la différence entre *vo* et *nostre;* il confond les ad-

---

(1) Ouvrage cité, *p.* 112.
(2) Œuvres de Villon. Avis aux lecteurs.

jectifs avec les adverbes, il altère l'orthographe des mots
par *syncope*, par *apocope*, de toutes les manières : il dit
premier pour *premièrement*, *detz* pour *doiz*, *fume* pour
fumée, *sume* pour *sème*, *onc*, *com*, *hom*, pour *oncques*,
comme, *homme*; *Philip* pour *Philippe*, *esme* pour *estime*;
el, *tel*, *quel* pour *elle*, *telle*, *quelle*, etc. ; ce sont là autant
d'archaïsmes que ne se permettait point Charles d'Or-
léans. Villon commence déjà à parler grec et latin, suivant l'expression de Boileau : il dit *sidère* pour *astre*,
parit pour *enfanta*, *palux* pour *marais*, *coulpe* pour *faute*,
orbe pour *aveugle* ou *caché*, *hémée* pour *sang*, etc. Sans
respect pour l'ordre des mots, Villon les transpose et les
bouleverse comme dans les langues à flexions; ainsi,
au lieu de dire *de très honnêtes gens*, il dit sans façon
gens de bien très. Que de fois il altère non-seulement la
construction et la forme, mais même le sens naturel des
mots, et force leur signification pour le besoin de la
mesure et de la rime! Combien Charles d'Orléans est plus
régulier, plus correct, plus intelligible, plus français
enfin! Il supprime encore l'article et les pronoms per-
sonnels, il transpose le sujet, l'attribut et le régime;
mais ces inversions ne nuisent point à la clarté de la
phrase; elles ne sont pas plus forcées que dans Clément
Marot, dont le langage tire de ces licences mêmes un
charme que l'on goûta longtemps après lui et qu'on imi-
tait encore au xviie et même au xviiie siècle [1].

(1) V. Quicherat, Traité de versification française, *p.* 114.

Il faut le reconnaître, Charles d'Orléans a été un artiste en fait de style; c'est là sa grande supériorité : c'est l'art surtout qui le distingue des autres poètes du xvᵉ siècle. Ce qui est une exception chez Eustache Deschamps, Froissart, Martial d'Auvergne, Villon, etc., forme la règle générale dans Charles d'Orléans. Par le talent il arrive jusqu'à la beauté de la forme; et ce n'est pas un mince mérite; car la forme a une grande puissance : elle séduit et elle plaît; or « le seul art de plaire peut aller jusqu'au génie, et Apollon avec sa lyre est aussi sublime que lorsqu'il lance des flèches mortelles [1] » Charles d'Orléans est donc, pour le style, le plus moderne de nos anciens poètes jusqu'à Marot; et n'eût-il pas d'autre originalité, il a du moins, relativement à son siècle, celle d'une élégance, d'une clarté et d'une perfection qui lui appartiennent.

De cette élégance dans son style, dérivent l'aisance, la grâce et la mélodie dans son vers. Il faut pourtant apporter une restriction à cet éloge. Et d'abord, le premier des deux vers que nous avons mis en épigraphe en tête de cette étude,

Mais ma bouche fait semblant que je rie...

semble être la condamnation formelle du système de ver-

---

(1) Sur cette importance de la *forme* et de *l'art*, voyez M. F. Wey, ouvrage cité, *p.* 202 à 206.

sification suivi par Charles d'Orléans. Cette césure sur
l'*e* muet détruit entièrement le rhythme. C'est là un grave
défaut. Comment l'expliquer chez un poète qui semble
avoir eu un sentiment si exquis de l'harmonie? Remarquons d'abord que cette faute est loin de lui être per-
sonnelle. Thibaut de Champagne la commettait déjà, et
après lui cet usage de couper le vers sur une syllabe
muette non élidée se retrouve dans Eustache Deschamps,
dans Christine de Pisan, Alain Chartier, Martin Lefranc,
Villon, Molinet, Meschinot, Jean Marot, etc. Jean Le
Maire lui-même, qui le réforma, s'y était conformé d'a-
bord. Ne serait-ce point que, au milieu de cette incertitude qui régna si longtemps dans la prononciation de
notre langue [1], cet *e* muet ait été articulé comme une
syllabe forte? Il serait bien hardi de le croire; cependant, voici un fait qui donne de la force à ce doute. Con-
curremment avec l'usage de la césure sur l'*e* muet, il en
existait un autre bien antérieur à celui-là et qui devait
avoir plus de durée, puisqu'on le retrouve jusque dans
Clément Marot; il consistait à admettre un *e* muet sura-
bondant à la césure [2] :

(1) V. de Chevallet, ouvr. cité, t. I, *p.* 33, t. II, *p.* 44,
t. III, *p.* 60.
— Francis Wey, ouvr. cité, *p.* 7, 65, 267 et suiv.
(2) V. Quicherat, Traité de versification franç , *p.* 324.
— Francis Wey, *p.* 348.
— Génin, Variations du langage français, *p.* 238.

> Desuz deux ar*bres* parvenu est li reis (1).

> . . . .

> Accompagn*ées* d'agneaux et brebiettes (2).

Ce système ne me paraît ni moins bizarre, ni moins rude que l'autre ; et ce qui m'étonne plus encore, c'est que Pierre Fabri et Gracien du Pont nous apprennent que cet *e* muet était formellement articulé : « du Pont a même le soin d'indiquer que si l'hémistiche du vers de dix pieds est suivi d'un *e* muet qui termine le mot, la coupe n'arrive qu'après l'*e* muet, et qu'ainsi *le féminin, en couppe ou repos, doibt avoir cinq syllabes.* Il s'oppose surtout à l'élision de la syllabe féminine, même à la césure, *car elle porte aussi son plein son et naturalité* (3).

Si donc l'*e* muet était réellement articulé, la coupe usitée dans Charles d'Orléans me semble la plus régulière des deux ; aussi, plus sensible que ses contemporains aux lois de l'harmonie, n'a-t-il jamais employé la césure qui donnait au premier hémistiche une syllabe de trop. En cela il était plus conséquent que Villon, qui usait indifféremment des deux systèmes.

Les considérations qui précèdent tendent à me faire croire que dans le vers de Charles d'Orléans le rhythme n'était point détruit par cette prétendue coupe sur l'*e*

---

(1) Chanson de Roland.
(2) Cl. Marot, première églogue de Virgile.
(3) F. Wey, ouvr. cité, *p.* 348-9.

muet. Je ne puis admettre que nos pères aient eu l'oreille moins délicatement conformée que la nôtre ; si leur poésie nous paraît si rude, n'est-ce point la faute de notre système actuel de prononciation ? M. de Chevallet [1] dit proprement qu'ils sacrifiaient beaucoup plus que nous à la douceur de la prononciation, et ne se faisaient point scrupule de se ménager des liaisons agréables à l'oreille pour éviter l'hiatus. Aussi ne m'arrêterai-je point à justifier Charles d'Orléans des reproches qui lui ont été adressés, comme à ses contemporains, relativement à l'hiatus. La règle qui a voulu en abolir l'usage ne nous a pas empêchés d'en faire de plus nombreux peut-être que nos pères. MM. Quicherat [2] et Génin [3] me semblent avoir fait bonne justice de cette règle.

M. Daunou [4] trouve que Villon n'est jamais prosaïque, qu'il se distingue par la richesse de sa rime, et qu'il a le soin ou le bonheur d'éviter mieux qu'aucun de ses contemporains et que plusieurs de ses successeurs, les enjambements vicieux. Charles d'Orléans est nécessairement compris parmi les premiers. C'est lui pourtant qui me donnera le droit de ne pas souscrire au jugement du savant critique. Il me semble qu'il aurait dû faire une exception en faveur de notre poète. Les vers de son

(1) Ouvr. cité, t. II, *p.* 145.
(2) Ouvr. cité, *p.* 54 et 190.
(3) Ouvr. cité, *p.* 89 et 477.
(4) Journal des savants, Septembre 1832, *p.* 563. Article sur l'édition des œuvres de Villon par Prompsault.

rival, en effet, sont généralement durs, incorrects, hé-
rissés d'altérations de mots, de licences poétiques, de
parenthèses et, il faut le dire, d'enjambements vicieux
que ne se permet point Charles d'Orléans. Ainsi ce dernier n'a jamais abusé de la syllabe muette comme le fait
Villon dans le second de ces vers :

> Se Franc Gontier et sa compaigne Heleine
> *Eussent ceste doulce vie hantée...*

Voici, du reste, un petit échantillon qui, à lui seul, prouvera que, parfois du moins, les vers de Villon sont de la
prose mesurée, que sa rime est pauvre, et qu'il se permet
les enjambements les plus bizarres :

> Au temps que Alexandre regna,
> Ung *hom* nommé Diomedès,
> Devant *lui on lui* amena,
> Engrillonné poulces et detz,
> Comme ung larron ; car il fut *des*
> *Escumeurs*, que voyons courir.
> Si fut mis devant le cadés
> Pour estre jugé à mourir.

> L'empereur si l'arraisonna :
> « Pourquoy es-tu larron de mer ? »
> L'autre responce lui donna :
> « Pourquoy larron me faiz nommer ?
> Pour ce qu'on me voit escumer
> En une petiote *fuste ?*
> Se comme toy me peusse armer,
> Comme toy empereur je *fusse.* »

C'est bien dit; mais c'est de la prose rimée; et ces
rimes, peut-on dire qu'elles soient riches? Et cet en-
jambement du cinquième vers sur le sixième, n'est-il
pas ridicule? J'en ai trouvé *un* de cette force dans
Charles d'Orléans; mais Villon est loin de s'en tenir à
cette unité. Il dit, par exemple :

> Beaux enfants, vous perdez *la plus*
> *Belle rose*, de vo chapeau.

Remarquez *vo* pour *vostre;* c'est un archaïsme employé
avant notre poète par Eustache Deschamps, après lui
par Villon, et qu'il ne s'est jamais permis. On en pourrait noter beaucoup d'autres en usage avant et après lui,
et qu'il sut éviter également.

Charles d'Orléans n'a point recours à des parenthèses,
à des formules explétives, à des incises oiseuses, pour
remplir la mesure de son vers. M. Vaultier remarque
qu'Eustache Deschamps était en cela supérieur à Froissart, et Charles d'Orléans seul lui paraît avoir eu quelque supériorité sur ce même Deschamps, en ce qui tient
à l'élévation des pensées et au mouvement du style, *sus-
pension, gradation* ou *contraste* [1].

Le mètre de notre poète ne semble pas plus varié que
celui d'Eustache Deschamps; mais il l'est beaucoup plus
que celui de Villon qui n'employa presque exclusive-
ment que le vers de huit ou de dix syllabes.

(1) Ouvr. cité, *p*. 115.

Charles d'Orléans s'est amusé à versifier des antithèses et des proverbes, à mêler le latin au français, à
commencer tous les vers d'une ballade par le même
mot; mais Villon n'a rien à lui envier à cet égard, et il
a de plus que lui composé une ballade dont tous les
vers sont terminés par la lettre R. Enfin Charles d'Orléans a eu le bon goût de dédaigner ces puérilités qui
ont jeté le ridicule sur la poésie de ses successeurs, ces
jeux de mots, ces vers à rimes *fratrisées, annexées, etc.* [1],
dont cependant Froissart et Rutebeuf même avaient déjà
donné l'exemple. Charles d'Orléans, toutefois, ne me
paraît pas avoir fait faire de progrès à la versification;
mais il a du moins sur ses contemporains la supériorité
qui résulte pour lui d'un talent, d'une facilité et, par
suite, d'une harmonie que l'on ne retrouve au même
degré dans aucun autre de nos vieux poètes.

Si le prince a laissé notre versification dans l'état où
il l'avait trouvée, a-t-il du moins exercé de l'influence
sur la langue et le goût? Il serait légitime de le penser.
Malheureusement ses poésies n'ont pas été plus heureuses
que leur auteur; il semble qu'un mauvais destin se soit
attaché à l'œuvre comme à l'ouvrier. Louis XI aurait-il
jeté une sorte d'interdit sur la mémoire de Charles d'Orléans? Est-il possible que son fils Louis XII, qui fit
aussi des vers, que son petit-neveu, François Ier, le

(1) Voyez là-dessus M. Quicherat, ouvr. cité, *p.* 456 et
suiv.

Père des lettres, n'aient pas eu connaissance des travaux littéraires de leur illustre ancêtre, et que tout le xviie siècle les ait également ignorés ? Le fait est que jusqu'à l'abbé Sallier (1734), c'est-à-dire pendant deux cent soixante ans, ces poésies restèrent sans trouver ni éditeur, ni critique.

La tournure que prirent au xvie siècle l'esprit et le goût de nos ancêtres peut rendre jusqu'à un certain point raison du silence des écrivains sur Charles d'Orléans. Le parfum aristocratique dont ses poésies sont imprégnées n'était-il point trop délicat peut-être pour le sens un peu grossier de l'âge qui le suivit ? La chasteté de Pétrarque respirait en lui ; la gaieté licencieuse de Boccace plut davantage : on préféra le libertinage de pensée et le style graveleux d'un mauvais sujet de Paris à la politesse exquise et à l'éducation galante d'un prince. Tout ce qui représenta l'esprit sceptique et frondeur, l'indépendance, l'incrédulité, la raillerie et la licence effrontée, fut sûr de trouver un accueil favorable : après Villon, Marot, après Marot, Rabelais, après Rabelais, Mathurin Régnier, après Régnier, La Fontaine : le goût délicat et noble, la muse pudique et timide de Charles d'Orléans ne fut pas de mise au xvie siècle.

La *renaissance* des lettres en France, l'imitation indiscrète de l'Italie, le goût effréné de l'érudition, les bouleversements qu'on fit subir à la langue, sous prétexte de l'enrichir, les innovations bizarrement ridicules qu'on voulut introduire dans la poésie, les tortures que l'on infligea à la versification [1], le pédantisme insoutenable qui régna jusqu'à la mort de Louis XIII, à cause du malheur qu'on eut de tomber de l'imitation outrée du xve siècle italien dans celle non moins outrée du goût espagnol, pendant tout le xvie siècle, enfin, l'état de violence et d'agitation entretenu dans les esprits par la lutte de la réforme et les querelles religieuses, tout cela fit que la pureté et l'élégante simplicité de Charles d'Orléans furent dédaignées et méconnues de la foule. Telle est, à mon sens, la cause la plus vraisemblable du long abandon dans lequel les gracieuses compositions du prince restèrent en apparence oubliées.

Je dis en apparence, parce que c'est une erreur de croire qu'elles le furent complétement. La preuve qu'au xve siècle même il en courait un recueil, c'est qu'un poète de cette époque, Martin Lefranc, en parle dans ses vers:

> Se vous n'entendez que je diz,
> Lisiez et escoutez *le livre*
> Du bon duc d'Orléans (2)...

Ce témoignage d'un contemporain prouve que du vivant même de Charles d'Orléans il existait *un livre* de ses poésies. La preuve encore qu'elles continuèrent d'être connues, du moins des lettrés, longtemps après lui,

(1) V. Pasquier, Recherches de France, VII.
(2) Nouvelle Revue encyclopédique, Mai 1846. Article de M. Champollion.

c'est qu'Octavien de St-Gelais, qui est né depuis la mort
du duc d'Orléans et n'est mort que dans les premières années du xvıe siècle, et plus tard encore Blaise d'Auriol,
se sont faits les plagiaires de notre poète. L'abbé Goujet[1]
observe que le premier, dans sa *chasse d'Amour*, a copié
la fiction dans laquelle Charles d'Orléans nous raconte
son entrée au service du dieu d'Amour; le second s'est
approprié sa *départie d'Amour* et en a pillé jusqu'au
titre. Blaise d'Auriol a mis textuellement sous son nom
neuf pièces entières de Charles d'Orléans et en a imité
d'autres si servilement, nous dit l'abbé Goujet, qu'un
simple coup-d'œil fait reconnaître la source où il a puisé.
Cela montre, il est vrai, qu'il ne devait guère exister de
copies des œuvres du prince, puisque l'on crut pouvoir
se parer en toute sécurité des plumes du paon, sans
craindre de voir la fourberie découverte. Il n'en existait
sans doute que quelques exemplaires furtifs et même in-
complets. Toutefois, ces poésies nous ont été conservées
dans douze manuscrits échelonnés à différentes époques;
elles ont donc pu, elles ont dû exercer une légitime influence sur le perfectionnement de notre langue.

Si cette influence de Charles d'Orléans n'a pas été con-
tinuée directement après lui par ses œuvres écrites, ne
l'a-t-elle pas été du moins par la tradition de son école,
par la population des châteaux et le monde poli des
cours, qui se laissa un instant éblouir par l'éclat éphé-

mère de la *pléiade*, mais protesta sourdement contre les
utopies de téméraires novateurs, contre la fausseté de
leur goût et les contorsions ridicules de leur poésie? L'é-
cole de Charles d'Orléans avait de nombreuses ramifi-
cations : nous avons vu se serrer autour de lui, dans son
académie littéraire, des rois, des ducs, des comtes, des
seigneurs de tout rang, de simples gentilshommes et
même des écoliers fripons ; Charles animait tout ce cortége de poètes d'une louable ardeur pour les plaisirs de
l'esprit; et si ses efforts ont eu peu de résultats pour les
progrès de la poésie et de la langue, ils furent du moins
de nature à contribuer puissamment à ceux de la civilisation et des mœurs.

Charles d'Orléans, en effet, est une des plus belles figu-
res du xve siècle. Prince illustre, brillant chevalier, poète
non moins brillant, et avant tout homme de bien, caractère noble et droit, cœur sensible et généreux, plein de
patriotisme et de bravoure, sa vie, tissue de prospérités
et d'infortunes, de grandeurs et d'humiliations, renferme tous les contrastes propres à éveiller notre intérêt
en sa faveur. Il s'est peint dans ses vers ; il y a déposé
ses joies et ses tristesses, sa candeur et son esprit ; et
le livre qui nous les conserve est digne d'orner la bibliothèque de famille. Charles d'Orléans est le type le
plus moral et la plus fraîche fleur de la poésie du moyen
âge.

Villon, patriote aussi si l'on veut, mais impudique
et débauché, vagabond, mendiant, voleur deux fois

destiné à la hart, bouffon effronté, véritable roi de la *bohême* et des *ribauds*, reste le type le plus expressif et le plus cyniquement immoral de notre vieille gaieté gauloise. Il s'est peint aussi tout entier dans son livre, avec tout son scandale et toute sa honte; mais un honnête homme lui interdit l'entrée de sa maison, et l'amateur ou le lettré le cache dans le coin le plus obscur de sa bibliothèque.

Si Boileau pouvait revivre, ne s'empresserait-il donc pas de se rétracter et de transporter à Charles d'Orléans, tant pour son caractère moral que pour son mérite poétique, l'éloge qu'il a décerné à Villon? Ce qu'il estimerait, en effet, dans Charles d'Orléans, ce ne serait pas seulement le railleur spirituel, le peintre gracieux, le rêveur mélancolique et le moraliste aimable; mais encore, et surtout, l'écrivain pur et chaste, l'homme de goût, le versificateur élégant et harmonieux, le poète délicat et noble, le chantre de la naïveté et du sentiment. L'autorité de Boileau n'est point en cause dans la question, je l'ai déjà dit; mais quand bien même elle le serait, je croirais lui manquer de respect en prétendant qu'il ne réformerait pas aujourd'hui un jugement rendu autrefois sur l'audition d'une seule des parties. C'est lui qui a fait ces vers :

J'aime mieux un ruisseau qui sur la molle arène
Dans un pré plein de fleurs lentement se promène,
Qu'un torrent débordé qui d'un cours orageux
Roule plein de gravier sur un terrain fangeux;

c'est dire assez qu'il préférerait Charles d'Orléans à Villon. Si notre langue a reçu quelque force de l'un, l'autre lui a donné la clarté, la politesse et la grâce; et les lettres françaises doivent à ce dernier une reconnaissance particulière : il leur a donné les moyens de se répandre; il a été le premier fondateur de notre Bibliothèque-Impériale.

Bien des critiques ont signalé les défauts de Charles d'Orléans : j'ai essayé de montrer ses mérites. Je serais heureux d'avoir pu contribuer à faire rendre justice à un poète qui, à l'aurore des temps modernes, encore à demi enveloppé dans les brouillards du moyen âge, sut associer en lui des qualités qui rappellent la philosophie d'Horace, la mélancolie de Virgile, la grâce de La Fontaine et le badinage de Voltaire.

Vu et lu,
à Paris, en Sorbonne, le 7 Janvier 1861,
par le Doyen de la Faculté des Lettres de Paris,

J.-Vict. LE CLERC.

Permis d'imprimer.
Le Vice-Recteur,

ARTAUD.

TABLE ANALYTIQUE DES MATIÈRES.

—

PREMIÈRE PARTIE.

—

VIE DE CHARLES D'ORLÉANS.

I.

AVANT SA CAPTIVITÉ.

II.

PENDANT SA CAPTIVITÉ.

—

DEUXIÈME PARTIE.

EXAMEN ANALYTIQUE ET CRITIQUE DES POÉSIES DE CHARLES D'ORLÉANS.

INTRODUCTION.

I.

PREMIER AGE DES POÉSIES DE CHARLES D'ORLÉANS.

II.

SECOND AGE DES POÉSIES DE CHARLES D'ORLÉANS.

III.

TROISIÈME AGE DES POÉSIES DE CHARLES D'ORLÉANS.

IV.

RÉSUMÉ ET CONCLUSION.

FIN.

ERRATA.

—

Pag. 63, *lig.* 13, *au lieu de* Appollinaire, *lisez :* Apolli-
naire.
— 68, — 5, — 1461, *lisez :* 1464.
— 150, — 14, — En temps, *lisez :* Le temps.
— 154, — 4 et 5, — signifie *eslimée jus*, lisez :
signifient *eslimée, jus*.
— 165, — 18, — qu'on laisse dormir en repos
sa pensée seulement ! *li-
sez :* qu'on laisse seulement dormir, etc.
— 180 — 5, — sept ou neuf, *lisez :* neuf ou
onze.
— *id.* — 19, — *librarian du British*, lisez :
librarian du *British*.

COUTANCES. — IMP. DE SALETTES.

www.ingramcontent.com/pod-product-compliance
Lightning Source LLC
Chambersburg PA
CBHW070803270326
41927CB00010B/2272